# La fogata del bienestar

Atiza las brasas del bienestar o puras cenizas tendrás.

Dr. Jaime Leal

Emotional Paycheck Publishing

Autor: Jaime Leal

www.emotionalpaycheck.com

**Diseño gráfico y arte de portada:** Jaime Leal

**Ilustraciones:** Damgilex, Diana Nezhivova y Jaime Leal

**Fotografía del autor:** Daniela Lisi

ISBN: 978-1-7778473-2-6

**Primera edición, 2022**

Con aprecio y agradecimiento a Rina Bayer, Miss Estado Bolívar 2006, quien en el certamen Miss Venezuela 2006 realizó una de las más sinceras intervenciones que he escuchado de dicho certamen. Cito: «Si algo he aprendido, es que la gente está loca».

¡No podría estar más de acuerdo! Y para contrarrestar esa «locura» hay que perseguir el bienestar.

# Un libro muere cuando se le fotocopia

## No me copies por favor

Cuando un libro es plagiado, todos nos vemos afectados.

El artista gráfico que trabajó en la portada, el fotógrafo que dedicó su talento, el autor con su creatividad y conocimiento y por supuesto otros lectores que han pagado por la obra completa y original.

Si por alguna razón no puedes pagar el importe completo por este libro, antes de fotocopiarlo envíame un mensaje y personalmente veré la forma de apoyarte.

Jaime Leal
jaime@emotionalpaycheck.com

# Lenguaje inclusivo

## Este libro es para todos

Estimado embajador, el uso del masculino genérico o masculino con carácter colectivo tiene la intención de simplificar la comunicación en atención al principio de economía lingüística. El género gramatical (masculino, femenino) suele asociarse al sexo biológico; sin embargo, gramaticalmente no tiene la intención de discriminar a nadie por su sexo biológico o por su identidad sexual o de género.

En la lengua española el empleo de un colectivo mixto del género gramatical masculino no es una práctica discriminatoria, sino que, al emplearlo, se evitan repeticiones innecesarias y permite el uso de un lenguaje llano, caracterizado por la concisión y la claridad. En este libro y en el *Emotional Paycheck Institute of Canada*, las comunicaciones escritas y electrónicas están formuladas en masculino genérico o masculino con carácter colectivo; por consiguiente, no solo se refieren a la población del género masculino, sino a la de **todos los géneros** que forman parte de la comunidad.

# Uso de nombres y marcas registradas

En este libro utilizaremos los nombres *Instituto Canadiense de Pago Emocional, Emotional Paycheck Institute of Canada, Instituto Canadiense de Salario Emocional* y *Emotional Paycheck* de manera indistinta para referirnos al instituto especializado en bienestar y salario emocional y su metodología. Los términos *Emotional Paycheck*, *Salario Emocional* y *Tarrix* son propiedad intelectual y marcas debidamente registradas por su dueño, Jaime Leal.

El nombre oficial del instituto es *Emotional Paycheck Institute of Canada* y se encuentra ubicado en Ontario, Canadá.

# Tabla de contenido

# I

# Introducción

Hoy en día, las empresas y gobiernos de distintos países realizan esfuerzos por mejorar el bienestar de sus empleados y ciudadanos respectivamente. Mientras que hace apenas algunos años los trabajadores eran considerados un activo más dentro de una organización y, por lo tanto, se les trataba como un número (en algunas empresas sucede aún), en nuestro siglo XXI en muchas multinacionales y empresas de diversas industrias, el empleado ha adquirido un nuevo estatus: se empieza a hablar de talento y no de recursos, y las condiciones de trabajo y nivel de vida del trabajador medio han mejorado enormemente.

¡Lejos han quedado los tiempos en los que algunos líderes tenían a un grupo de golpeadores que sometían con violencia a quién no cumplía con las reglas! Hoy, el trabajador tiene derechos, los conoce y los hace respetar. ¡Desde luego, hemos avanzado!

Los gobiernos, al hablar de sus éxitos, hablan cada vez más de bienestar, e incluso algunos países, como el Reino de Bután, han sido radicales al dejar de medir el PIB (Producto Interno Bruto) para pasar a medir la FNB (Felicidad Nacional Bruta). Además, a menudo vemos listados de los países que contienen a los ciudadanos con mayor índice de felicidad.

Sin embargo, ningún gobierno, ni un país entero, podrían forzar a una persona a ser feliz si la persona no quiere o no sabe cómo serlo. Solo pueden aspirar a preparar los aspectos básicos para el bienestar del individuo, pero no pueden hacerle feliz, la felicidad es un trabajo personal. Y por ello es importante este libro.

La fogata del bienestar permite conocer los elementos básicos requeridos para encender la llama de la felicidad. Estos elementos son distintos en cada individuo, sin embargo, pueden clasificarse, a grandes rasgos, en seis categorías generales que explicamos en este libro.

Contrario a lo que parecería cuando vemos diariamente en las noticias, el bienestar está presente en la mayoría de los entornos: se vive cada vez mejor, se sabe más que nunca en todas las industrias, se vive por más años y con mayor salud que nunca, se tiene acceso a mejor medicina y la información se encuentra disponible para quien desee aprender. Entonces, ¿qué nos impide ser felices?

Siéntate cómodamente y lee este libro mientras te explico cada una de las categorías del bienestar requeridas para encender la llama de la felicidad, descubre cuáles son las que debes fortalecer y de qué forma, y decídete de una vez por todas a ser feliz. Después de todo, ¡nadie puede hacerlo por ti!

Nuestra definición de felicidad es tan dinámica que se vuelve prácticamente imposible describirla con precisión, y **mucho menos podemos pretender entender la definición de felicidad de otra persona.**

# 2

# ¿Qué es la felicidad?

¡Con esta historia podrás calcular mi edad! Era el verano de 1979 (¡aaauuuuuuu!). Pasaba mis tardes en las afueras de la única caseta telefónica de la unidad habitacional López Mateos, un pequeño poblado ubicado en las faldas del Cerro de las Mitras de Nuevo León, una colonia aislada de toda comunicación y a la que solo se podía acceder por medio de un camino de terracería de alrededor de cinco kilómetros. Solo había un camión que circulaba hasta allá y el conductor era Don Tito. Las cuadras se contaban por números y no pasaban de veinte. En fin, un pequeño pueblo que cumplía con aquella frase que dice: «pueblo chico, infierno grande». Y ¡vaya si teníamos historias diariamente!

Eran los setenta, un tiempo en el que no había teléfonos celulares y tener teléfono fijo en casa era algo reservado para las clases más adineradas; por supuesto, mi colonia no tenía de esas familias, éramos tan pobres que recuerdo haber tenido compañeros de escuela que asistían descalzos, otros con uniformes desgastados, y a pesar de que en mi casa nunca faltó la comida, siempre fui consciente de que mis padres hicieron un esfuerzo monumental para asegurar que no faltase nada en casa.

Vivíamos literalmente en las faldas del cerro, y eso es algo que valoro muchísimo, pues me ayudó a explorar el mundo de una manera mucho más libre que aquellos que nacieron en la ciudad. Caminé en la montaña, jugué por horas extraviado en el campo, monté caballos que llegué a pensar que no tenían dueño y me perdí en más de una ocasión andando en bicicleta con mis amigos. ¡Fuimos libres!

En la López, como llamábamos de cariño a nuestro poblado, existía solamente una caseta telefónica, ubicada entre los polvorientos encinos y frondosos sicómoros de una plaza triangular en la calle Once, en una pequeña caseta que tenía la única conexión en tiempo real con el mundo exterior. ¡El teléfono!

La campana del teléfono sonaba tan fuerte que se podía escuchar a varios metros de distancia, y la operadora asignada para responder la llamada tenía una voz tan potente como los mejores actores teatrales. «¡Buenooooo!» gritaba con enjundia al responder en cada llamada.

Mi misión era sencilla: esperar a que alguien del barrio recibiera una llamada, escuchar con atención la dirección del destinatario y salir disparado en mi bicicleta para entregar la noticia a su destinatario a cambio de una gratificación que en la mayoría de las ocasiones era monetaria—así es, no siempre me pagaban con dinero, en algunas ocasiones me daban algún dulce, alguna fruta o simplemente decían «¡Gracias!» (me daban puro salario emocional).

Comencé a guardar dinero y pronto compré algunos accesorios para mi bicicleta: una bocina mecánica que se activaba al presionar una bombilla de plástico y que hacía un sonido que me gustaba, un espejo más grande con el que me divertía, y unos pequeños tubitos metálicos que salían de las llantas traseras para pasear a mis amigos («diablitos», los llamábamos). Tenía yo apenas 7 años y ¡mi felicidad era mi bicicleta!

El negocio de mensajero iba viento en popa. Éramos apenas dos o tres mensajeros freelancer que proveíamos el servicio, hasta que llegó Kike un vecino y compañero de la escuela, quien aprovechándose de ser mayor, más fuerte y mucho menos empático que yo, me amenazaba con golpearme si llegaba primero a dejar algún mensaje. ¡Mi negocio se había terminado, y todo de forma violenta!

Al principio no hice caso, seguía entregando mensajes, pero Kike cumplió su palabra y me calló a golpes en varias ocasiones, incluso en una de ellas rompió el espejo que había comprado para mi bicicleta. ¡Suerte pa' la desgracia!

Kike no solo se conformaba con golpearme por las tardes, sino que durante el horario escolar me perseguía cada vez que nos encontrábamos en el descanso. ¡Vaya tortura! Yo tenía 7 años y a pesar de que seguía amando mi bicicleta, mi verdadera felicidad era ¡no encontrarme a Kike!

Jaime Leal

Tenía dos grandes amigos que aún conservo, Hugo y Ulises, quienes me defendían de las golpizas de Kike, pero como era de esperarse, no siempre estaban presentes, así que este último terminó por convencerme y abandoné mi carrera como el mensajero más veloz de la López.

Pasó el tiempo, pero no mis ganas de trabajar, así que cambié de giro: me volví panadero—bueno, no exactamente, pero comencé a trabajar en una panadería. Apenas tenía 9 años y me permitían embolsar pan para los clientes, a cambio de lo cual me daban alguna propina y al final del día, la dueña de la panadería, Doña Norma, me permitía llevar a casa algunos panes como pago por mi jornada laboral.

Recuerdo con cariño los hermosos momentos en los que llegaba a casa y mi madre y yo compartíamos del pan con un vaso de leche. Olvídense de la bicicleta: ¡mi felicidad era ver la cara de orgullo de mi madre!

El tiempo transcurrió y crecí, tuve otros trabajos (ayudé a cuidar algunos animales, repartí periódicos, vendí los dulces que recolectaba en las fiestas de mis amigos) y con el paso del tiempo, entre emprendimiento y emprendimiento, logré graduarme de la preparatoria. Tenía 17 años y trabajaba en una empresa de artículos de limpieza, que repartía en un coche que mi padre me había regalado. Ahorraba cada peso que me ganaba y soñaba con comprar mi propio coche, un Volkswagen Sedan (en México les decimos «bochitos», pero sé que en otras latitudes les dicen «tortuguitas», «escarabajo», «pichirilo» o «pulga»): sería de color rojo, con asientos recortados, un estéreo de buena marca y unos parlantes que en mis sueños ya tocaban los últimos éxitos de Maná, Enanitos Verdes o Soda Estéreo. Como muchos adolescentes, ya no pasaba tanto tiempo en casa, ya no cenaba con mi madre... Ahora tenía gustos más banales: ¡mi felicidad era comprar ese coche!

Además de mi trabajo como vendedor de productos de limpieza, comercializaba ropa de piel, cinturones, bolsas y botas exóticas; eso me permitió que en menos de un año pudiera reunir el dinero suficiente para comprar mi «bochito». No fue rojo, pero sí celeste, y un poco oxidado en algunos rincones; los interiores blancos con alguna que otra mancha que buscaría sacar con detergente y con el tubo de escape roto, algo que pensaba solucionar con un amigo mecánico a quien llamábamos el Pecas.

Aún recuerdo mis nervios al contar el dinero frente al vendedor. Uno... dos... tres... Contaba mientras me temblaban las manos. Subí al reluciente «bochito» que había comprado apenas hacía unos minutos, salí conduciendo y justo frente a mí, se detuvo otro coche muy similar. Era un «bochito», celeste, con interiores blancos, casi igual al mío, pero aquél tenía rines deportivos y neumáticos más anchos. ¿Adivina que pensé? Así es, pensé «Yo quiero esos neumáticos». Apenas había logrado comprar mi coche y ¡ya mi felicidad había cambiado!

Así, sin darnos cuenta, **nuestra definición de felicidad es tan dinámica que se vuelve prácticamente imposible describirla con precisión, y mucho menos podemos pretender entender la definición de felicidad de otra persona.** La felicidad es una tarea personal, una en la que podrás recibir consejos e ideas, pero en la que tú deberás hacer el trabajo pesado. Entender lo que te hace feliz en un momento determinado puede marcar una gran diferencia en tu vida y en la de aquellos a tu alrededor.

¿Que qué es la felicidad? ¡Vaya pregunta! Creo que esa cuestión debemos hacerla mucho más específica, puesto que aquello que te hace feliz en algún momento de tu vida, puede no hacerlo en otro. ¡La definición de la felicidad cambia!

Pero por algún lugar debemos comenzar, así que ahora te invito a que hagamos una pausa. Busca un lugar tranquilo, reserva al menos cinco minutos sin interrupciones y prepara tu bebida favorita para responder la siguiente pregunta:

En este momento de tu vida, ¿qué te hace feliz?

En términos generales, lo más probable es que si le preguntas a alguien qué cosas desea en la vida, la persona mencionará la felicidad como una de esas cosas. **Pero en el momento en el que le preguntes qué es la felicidad, ¡se quedará en silencio!**

# 3

# Felicidad en el tiempo

## ¿Cuál es la tuya?

A pesar de que la gran mayoría de los seres humanos busca la felicidad en sus vidas, muy pocos nos detenemos a analizar el significado de ese término. Como exploro con detenimiento en mi libro «El método del salario emocional», la felicidad es un término muy utilizado, pero poco explorado.

**En términos generales, lo más probable es que si le preguntas a alguien qué cosas desea en la vida, la persona mencionará la felicidad como una de esas cosas. Pero en el momento en el que le preguntes qué es la felicidad, ¡se quedará en silencio!** Pareciera que muchos de nosotros simplemente nos conformamos con desear la felicidad, así, por encimita. Sin embargo, a través de la historia, muchos personajes han dedicado su atención a tan valioso tema.

A continuación, parafraseo a algunos de los más grandes pensadores en la historia de la humanidad que dedicaron un momento en sus investigaciones para abordar el tema de la felicidad. Veamos con quién de ellos te identificas más.

Nota: Utilizaremos un sistema de 1 a 5 estrellas, entre más estrellas otorgues, más de acuerdo estarás con el personaje en cuestión. ¡Aquí vamos!

De Lao-Tse (601 a.C.-531 a.C.) podemos aprender a vivir en el presente, evitando la depresión causada por sucesos del pasado que no se pueden cambiar y la ansiedad por un futuro en el que aún no habitamos y que probablemente no suceda. Podemos inferir entonces que, para Lao Tse, la felicidad se encuentra al vivir en el presente. Si él está en lo correcto, ¿debemos dejar de pensar en el pasado? ¿Debemos dejar de planificar para el futuro?

Una conocida historia japonesa cuenta que dos monjes entregados al celibato, Tanzan y Ekido, regresaban a su monasterio después de haber bajado a la ciudad por algunos víveres. Caminaban por un camino sinuoso entre las montañas cuando sobrevino una lluvia torrencial. El río, que crecía caudaloso por la lluvia, cubría el pequeño puente que habrían utilizado para cruzar al otro lado. Al cabo de un rato, vieron que una mujer joven, vestida con un precioso kimono de seda, vacilaba en cruzar el puente, evidentemente temerosa de ser llevada por las crecientes aguas. Tanzan, sin pensarlo, acudió en su ayuda, la cargó en sus brazos y atravesó con ella la corriente, dejándola sana y salva al otro lado del camino. Ekido permaneció en silencio, visiblemente molesto, durante todo el resto del camino. Por fin, cuando ya llegaban a la puerta del monasterio, Ekido soltó con ira toda su queja:

«Se supone que los monjes no deben tocar a las mujeres, mucho más si son bellas y jóvenes como la que tú cargaste sobre el agua. No sé cómo pudiste cometer una falta tan grave», decía Ekido sin cesar.

La queja de Ekido y sus palabras llenas de enojo sorprendieron a Tanzan, que se había olvidado por completo del incidente. Miró fíjamente a los ojos de Ekido y le dijo:

«Es cierto, yo ayudé a esa mujer a cruzar el río. Apenas fueron unos metros, sin embargo, parece que tú todavía la sigues cargando».

Cuántas veces terminamos experimentando una y otra vez los mismos sucesos dolorosos del pasado al traerlos de nuevo a la memoria. Sin darnos cuenta, avivamos la llama del resentimiento al recordar algún desprecio de un ser querido, mantenemos viva la frustración sentida por aquella oportunidad no aprovechada, y nos reprochamos miles de veces por el mismo error que hemos cometido en el pasado. ¿Te suena familiar?

En la siguiente escala, dale su Google review a este gran pensador. ¿Qué tan de acuerdo estás con Lao-Tse?

¿Qué tan difícil es para ti olvidarte del pasado? ¿Eres acaso de aquellos que piensan que olvidar el pasado nos expone a repetirlo? Si es así, ¿te ayudaría pensar un poco más como Lao-Tse? Antes de responder, acompáñame a aprender del mismísimo Buda.

Se atribuye a Siddhartha Gautama (Buda), quien vivió alrededor de 500 a.C., que no hay un camino a la felicidad, porque la felicidad es el propio camino. Con ello podemos inferir que para Buda la felicidad es la vida misma con todos sus matices. Si es así, ¿cualquier cosa debería hacernos felices?

Transcurría el año 2010. Mi negocio iba viento en popa, tenía casa propia, negocio en el municipio más adinerado de México, coches, camionetas y motocicletas; lo mismo volaba en mi propio parapente que disfrutaba de un descanso en un terreno campestre de varias hectáreas que compré en la tierra que nació mi padre; vaya, incluso estaba pensando en comprar una pequeña avioneta para viajar con mi familia, ¡el dinero no era problema!

Como psicólogo, viajaba haciendo lo que me gustaba, participaba en varias organizaciones de ayuda humanitaria y pasaba los fines de semana decidiendo cuál de mis pasatiempos ocuparía mis días de descanso.

Como voluntario acudí a una misión de rescate humanitario en Haití, ayudé a cientos de personas después de la tragedia del terremoto, y en consecuencia recibí el premio Ciudadano Ejemplar en mi ciudad. ¿Qué más podría pedir? Soy el orgullo de mi familia, ¡vaya fortuna la mía!

Llegó el mes de octubre, trabajaba hasta tarde en mi oficina y de camino a casa decidí parar por un poco de agua. Al salir de la tienda de conveniencia sentí un empujón por detrás, caí al piso y al tratar de ponerme de pie sentí una bolsa en mi rostro. El resto es historia: fui secuestrado.

Miedo por mi familia, noches enteras sumido en el llanto mientras yacía semidesnudo en medio de una habitación pestilente. Zozobra por saber qué es lo que ocurriría con mi vida, con mi familia, qué sería de mis padres, cómo me recordarían mis hijos.

En medio de aquella incertidumbre, lo único cierto es que mi cuenta de banco cada vez estaba más vacía, perdía mi dinero y tal vez perdería mi vida. «¡Vaya fortuna la mía!» me dije en varias ocasiones por los más de siete días que pasé en cautiverio.

Negocié mi propia liberación y tan pronto me dejaron ir emigré a Canadá, mantuve el secuestro y la ruina financiera que enfrentaba en secreto, puesto que aún temía represalias y sufría de paranoia como consecuencia de mi estrés postraumático. Me mudé a Ontario donde comencé desde cero y di mis primeros pasos en lo que llamé «El camino del héroe»: ese camino del migrante que se sacrifica por un mejor futuro para las próximas generaciones.

Días y noches sin dormir, comenzando a construir un nuevo negocio en tierra extraña, sin contactos, con limitados recursos y aún golpeado por el estrés postraumático de mi secuestro. En Monterrey era reconocido por las calles, escribía para el periódico más popular e incluso aparecía en un canal de televisión del estado y aquí, en Canadá, era un don nadie. ¡Vaya fortuna la mía!

Pasó el tiempo y gracias a mi miedo de volver a México, comencé a explorar nuevos mercados. Fue así como Ecuador me abrió la puerta, mi buen trabajo me llevó a Colombia y después a Guatemala. Seguí con Puerto Rico, Nicaragua y dieciocho países más, así fue como me volví internacional.

Irónicamente, mi miedo por volver a México me empujó a viajar por el mundo y hoy imparto conferencias y talleres en más de 18 países de América y Europa. **¡Vaya fortuna la mía!**

Lo que alguna vez fue algo malo, posteriormente se convirtió en algo bueno y a pesar de que no le deseo a nadie atravesar lo que he atravesado, sí debo reconocer que cada paso ha sido necesario para llegar a donde estoy. ¡Vaya fortuna la mía!

¿Te resulta sencillo encontrar un aprendizaje en los momentos difíciles? ¿has podido agradecer incluso por aquellos momentos de dificultad? Tal vez convenga pensar un poco más como Buda ¿no crees?

En la siguiente escala, dale su Google review a este gran pensador, ¿Qué tan de acuerdo estás con Buda?

De sus escritos infiero qué para Platón, (427 a.C. - 347 a.C.) la felicidad consiste en lograr que aquellas cosas que nos llevan a esa tan deseada emoción, dependan de nosotros mismos. Se le atribuye la frase «El hombre que hace que todo lo que le lleva a la felicidad dependa de él mismo, ha adoptado el mejor plan para vivir feliz». ¿Será esto una declaración de renuncia a lo que no podemos controlar? ¿Es una invitación a la total aceptación de nuestra realidad? ¿Será necesario vivir sin estrés para ser feliz? ¿Existe el estrés saludable?

En la más reciente investigación de la Asociación Americana de Psicología (APA), en el reporte «Stress in America 2020: A National Mental Health Crisis» (American Psychological Association, 2020) se encontró que nueve de cada diez visitas al médico están relacionadas con el estrés. ¡Vaya dato!

Para nadie es novedad que la mayoría de los seres humanos estamos experimentando altos niveles de estrés y el cuerpo comienza a sentir sus estragos. Dolores de cabeza, contracturas a nivel cervical o lumbar, colitis, gastritis, alta tensión arterial, diabetes y hasta infartos son resultado de los altos niveles de cortisol y adrenalina en nuestro cuerpo.

Por si esto fuese poco, diariamente recibimos mensajes que nos empujan a desear y lograr más. «¡Tú puedes lograrlo!», «¡Eres capaz de todo!» y «¡Puedes con eso y más!» son algunas de las muchas frases que rondan el mundo ejecutivo de hoy en día, sin olvidar la incesante mercadotecnia que nos empuja a desear más de forma sistemática, y, al mismo tiempo, a desechar lo que hemos usado por algún tiempo, a pesar de que aún sirva, a pesar de que esté nuevo.

En este momento recuerdo un segmento del maravilloso ensayo «La paradoja de nuestra era» (Moorehead, 1995). El autor, un pastor americano, escribió: "...Estos son días de viajes rápidos, pañales desechables, moralidad desechable, aventuras de una noche, cuerpos con sobrepeso y píldoras que hacen de todo, desde alegrar hasta calmar y matar. Es una época en la que hay mucho en el escaparate de la sala de exposición y nada en el almacén. Un momento en el que la tecnología puede traerte esta carta y un momento en el que puedes elegir compartir esta información o simplemente presionar eliminar..."

Desear siempre más, ser bombardeado frecuentemente con la necesidad de adquirir, comprar y poseer, no hacen más que sumar a la ya gran cantidad de metas, objetivos y expectativas que los seres humanos ponemos sobre nosotros mismos. ¡Estamos sobreestimulados!

La empresa Gallup (asesoría que realiza encuestas de opinión pública en todo el mundo) nos dice que la mayor parte de las renuncias voluntarias en una organización se dan por una mala relación con el jefe inmediato (Robison, 2008), este estudio fue repetido en 2010 y 2016 con resultados muy similares. Así que teniendo un mal jefe, un pobre entorno laboral, dolores físicos, emociones negativas y alta sobrecarga laboral es difícil creer que podemos con todo. Para evitar que el estrés nos consuma intentando llegar a todo lo que nos exigimos, podemos usar los círculos de influencia de Stephen Covey (2020), una herramienta con la que podemos aprender a distinguir entre lo que podemos controlar, lo que podemos influenciar y aquello que simplemente podemos esperar a que suceda.

Por ejemplo, un agente de servicio al cliente de una empresa de venta al por menor puede controlar solamente la forma en que trata a sus clientes, y con ese trato puede influenciar la forma en que ellos responden, pero eso no garantiza que absolutamente todos los clientes de esa tienda saldrán satisfechos y contentos; algunos de ellos podrían tener problemas que exceden el alcance y control del gerente de la tienda, por lo que no siempre podrá controlar su carácter o reacciones negativas.

Este gerente se podría estar estresando por querer que todos los clientes salgan de la tienda contentos, cuando en realidad eso no está dentro de su círculo de control. Algunos de los factores que contribuyen a la felicidad de los clientes no tienen nada que ver con lo que el agente de servicio al cliente puede ofrecer.

De acuerdo con Platón, este agente se beneficiaría si solo se enfocase en aquello que puede controlar y lograr que su felicidad dependa solo de la forma en que trata a los clientes y no de algún otro factor que surja en consecuencia, como la forma en que estos responden. ¡Para pensar!

En la siguiente escala, dale su Google review a este gran pensador, ¿Qué tan de acuerdo estás con Platón?

Para Aristóteles, seguidor de Platón (350 años a. de C.), la eudaimonia (buena fortuna o vida) es el resultado de llevar una vida en virtud y tener buena fortuna. Con esto podemos inferir que la felicidad depende parcialmente de nosotros mismos, está basada en nuestras propias virtudes, y por otro lado requiere de un toque de buena suerte o fortuna (Aristóteles, 2001).

Este es un concepto que aparece frecuentemente en la cultura griega, la posibilidad de que algunas personas nazcan con «buena estrella» y otros simplemente nazcan «estrellados» ¿Consideras que es así? ¿Qué tanto depende de la suerte tu felicidad? ¿Conoces a alguien que pareciera que nació para ser feliz?

En la siguiente escala, dale su Google review a este gran pensador. ¿Qué tan de acuerdo estás con Aristóteles?

De las reflexiones de Séneca (4 a.C.- 65 d.C.) podemos inferir que las grandes bendiciones de la vida se encuentran dentro del mismo ser humano, por lo que siempre están a nuestro alcance. Describe que el sabio es aquel que se contenta con lo que tiene sin desear aquello que no posee (Veyne, 1995).

¿Será la felicidad entonces tener un enfoque conformista de la vida? ¿Será que no desear nada es tenerlo todo o será acaso que cuando se tiene todo es que no hay nada más que desear? Séneca nos plantea que es la ausencia del deseo la que nos permite el acceso a la felicidad, el contentarnos con lo que tenemos, encontrar el gozo en lo que ya se posee y no desear aquellas cosas que no nos pertenecen aún. ¿Qué opinas?

En la siguiente escala, dale su Google review a este gran pensador. ¿Qué tan de acuerdo estás con Séneca?

Santo Tomás de Aquino (1225-1274), en su investigación sobre la felicidad, nos dice que «el fin último del hombre no puede consistir en las riquezas, ni en los honores, ni en los placeres, ni en la salud y placeres del cuerpo, ni en los bienes del alma, ni en el hombre mismo». Luego respalda esta afirmación con siete argumentos (Tomás de Aquino, 1988). Si esto es cierto, entonces ¿dónde está la felicidad? ¿Será alcanzable en este plano terrenal?

A inicios del año 2009, me propuse realizar una serie de entrevistas a personas que tuvieran 75 años o más, con el propósito de conocer la diferente perspectiva que cada uno de ellos tenía con respecto a la vida, la felicidad y por supuesto la vejez.

Así fue como entrevisté a personas de los más diversos ámbitos, algunos que esperaban la muerte postrados en cama mientras que otros seguían corriendo maratones, algunos rodeados de familiares y otros que pasaban sus días en soledad. Entrevisté a 75 personas de distintas religiones y creencias y así fue como di con el rabino.

Entrado en los 80 años, reconocido por ser uno de los pioneros de la comunidad judía en el norte de México, el rabino me recibió orgulloso en su casa para brindarme la entrevista, me invitó a degustar un delicioso dulce y a pesar de que eran las nueve de la mañana insistió en que bebiéramos un vino Manischewitz. Yo no había desayunado y te podrás imaginar el resultado. ¡Vaya entrevista!

«Beba un poco,» me decía mientras apuntaba con la mano a la copa de vino dulce que me servía, y, entre copa y copa, le pregunté sobre el amor, la vida y la felicidad, y al responder me llevó de la mano para ver las fotografías que tenía con grandes personalidades de aquel tiempo. Lo mismo se encontraba con gobernadores y presidentes que con artistas o deportistas, e incluso mencionaba que en cuanto él muriera una de las plazas principales del centro de la ciudad llevaría su nombre. ¡Esa era su felicidad!

Unos días después entrevisté al presidente de la iglesia de Jesucristo de los Santos de los Últimos Días (comúnmente llamados mormones), quien me recibió en su casa y amablemente respondió mis preguntas. Pregunté sobre la vida, el amor y la felicidad, y él respondió siempre modesto y evadiendo utilizar la palabra orgullo en su vocabulario, incluso pidiéndome reformular preguntas cuando la palabra «orgullo» se encontraba presente.

«¿Qué le hace sentirse orgulloso?» pregunté.

«Prefiero responderle qué me hace feliz ¿Le parece?» respondió, para luego darme un listado de experiencias con otros seres humanos de su familia o de su comunidad. ¡Encontraba felicidad en la humildad! En mi opinión, una definición de felicidad completamente opuesta a la que el rabino había encontrado. ¿Qué opinas? ¿Deberíamos olvidarnos de los reconocimientos y placeres de la vida? ¿Debemos volverlos parte de nuestra felicidad? ¿Dónde está el balance? ¡Sigamos aprendiendo!

En la siguiente escala, dale su Google review a este gran pensador. ¿Qué tan de acuerdo estás con Santo Tomás de Aquino?

Del gran Immanuel Kant (1724-1804) podemos aprender que la felicidad, más que un deseo, es una obligación, un deber del ser humano. Kant nos dice que la felicidad no depende de nadie más que de nosotros mismos y que es nuestro deber encontrarla. ¿Estarías de acuerdo con que la felicidad sea tu único y más importante enfoque? ¿Habría que entregarse a los placeres? ¿Valdría la pena definir primero el término antes de entregarse a su búsqueda? ¡Ciertamente tentador!

En la siguiente escala, dale su Google review a este gran pensador, ¿Qué tan de acuerdo estás con Kant?

Por otro lado, John Stuart Mill (1806-1873) pareciera invitarnos a procurar aquello que nos produce placer y a alejarnos de todo aquello que nos cause dolor (utilitarismo). Suena lógico hasta que encontramos que algunas personas, relaciones y contextos sociales nos resultan dañinos o dolorosos. ¿Debemos alejarnos de esas personas?

Debo admitir que conforme transcurre el tiempo y me vuelvo más viejo, he renunciado a ciertas «amistades» por las emociones negativas que traían a mi vida, y que, de alguna forma, prefiero mantener cerca de mí solamente a aquellas personas que me alimentan el espíritu y que me ayudan a crecer en un ambiente de bienestar. Pesimistas, criticones, chismosos, vengativos, mentirosos y maleantes son rápidamente alejados de mi círculo más cercano de amigos. Algunos son conservados como conocidos, pero no invierto mucho tiempo interactuando con ellos. Anteriormente buscaba conservarlos cerca esperando que cambiaran su forma de ser, pero hoy en día prefiero mi bienestar y paz emocional sobre todas las cosas.

No siempre es sencillo mantener un círculo cercano de personas positivas, en ocasiones es difícil alejarse de algunos que son familiares cercanos, sin embargo, para mí, siempre es importante mantener la paz y el bienestar emocional y para poder brindar paz, primero debo cultivarla dentro de mí.

En este sentido, ¿qué cosas o personas tendrías que abandonar para ser feliz? ¿Es este enfoque un poco egoísta? ¿Estaremos obligados a convivir con todas las personas, aunque algunas nos hagan daño?

En la siguiente escala, dale su Google review a este gran pensador. ¿Qué tan de acuerdo estás con John Stuart Mill?

De Henry David Thoreau (1817-1862), en su célebre escrito Walden, podemos aprender su concepto de felicidad en la siguiente analogía: «La felicidad es como una mariposa, que cuanto más persigues más elusiva se vuelve, pero que si concentras tu mente en otras cosas, pronto llegará a posarse en tu hombro.» (Thoreau, 2005.) Si esto es verdad, la clave sería dejar de intentar y ocuparse en algo más. ¡Muy opuesto a lo sugerido por Kant!

Me encantan los viajes en motocicleta. En la ciudad donde vivo (Niagara Falls, ON) los paseos en motocicleta están restringidos al buen clima que se presenta entre los meses de mayo y septiembre, meses en los que vemos florecer los árboles de arce tornándose verdes hasta que comienza la temporada de otoño, y con ella los colores amarillos, rojo y siena que pintan la escena.

A menudo las personas me preguntan qué es lo que más disfruto de viajar en motocicleta. La respuesta es muy sencilla: dentro de mi casco hay paz. A pesar de encontrarme en una ocupada autopista, a pesar de circular junto a otros motociclistas, incluso en medio de alguna tormenta, dentro de mi casco hay paz. Una paz que me permite encontrar la tranquilidad suficiente para que la mariposa de la felicidad se pose sobre mi alma, en ocasiones a más de 100 km/h, en algunas otras recargado sobre la motocicleta estacionado en un parque y disfrutando del paisaje. ¡Dentro de mi casco, hay paz!

Cada vez que logro encontrar un momento de paz en estos paseos, recuerdo a Henry David Thoreau, y la mariposa se posa sobre mis hombros.

¿Tú qué opinas? ¿Consideras que la felicidad llega cuando haces una pausa? Si es así, ¿Cuántas pausas has hecho últimamente?

En la siguiente escala, dale su Google review a este gran pensador. ¿Qué tan de acuerdo estás con Thoreau?

Del tan mencionado Friedrich Nietzsche (1844-1900) podemos inferir que la felicidad solo se logra al superar adversidades. Es ese momento en el que nos sentimos poderosos y llenos de vitalidad. Si es así, ¿la felicidad depende de cuántos problemas has superado? ¿Aquellos que no enfrentan problemas graves no pueden ser felices? Esto me recuerda a un amigo con el que charlaba cuando aprendíamos artes marciales y que siempre me decía, «Si no hay dolor, no hay ganancia».

Muchas personas creen que para poder lograr la felicidad es necesario primero probar las amargas hieles del sufrimiento. ¿Qué opinas tú? ¿Será acaso que solamente aquellas personas que atraviesan por situaciones difíciles pueden gozar de la felicidad?

En la siguiente escala, dale su Google review a este gran pensador. ¿Qué tan de acuerdo estás con Nietzsche?

José Ortega y Gasset (1883-1955) en cierta forma relaciona la felicidad con el tiempo que invertimos en aquellas actividades que nos producen un estado de pasión. ¡La pasión!

¿Alguna vez has trabajado de forma tan enfocada que terminas olvidando la hora de la comida? ¿Has realizado una tarea que hace que te olvides de todo lo demás, incluso de ir al baño? Seguramente estabas viviendo tu pasión, ese estado que el doctor Robert Vallerand (Vallerand, 2010) describe como «la fuerte inclinación hacia una actividad que la persona ama, que considera importante y a la cual dedica importantes cantidades de tiempo y energía». El momento en el que todo fluye, en el que estamos conectados con nuestra habilidad y talento, momentos en los que el tiempo transcurre de distinta forma y logramos nuestro máximo potencial.

Regularmente el estado de pasión se logra cuando estamos realizando tareas que disfrutamos. Cuando utilizamos nuestras fortalezas de carácter para el desarrollo de nuestras actividades es cuando se presenta con mucha más frecuencia el estado de pasión que nos permite disfrutar de lo que hacemos. ¿Será eso la felicidad? ¿Qué tanto disfrutas lo que haces?

En la siguiente escala, dale su Google review a este gran pensador. ¿Qué tan de acuerdo estás con Ortega y Gasset?

Pero tenemos un autor más y, por cierto, para efectos de este ejemplar del libro es el más importante: _____ (aquí va tu nombre), nuestro lector y su definición de felicidad, que puede ser completamente diferente a cualquiera de las anteriores o una combinación de ellas.

¿Qué definición de felicidad te parece más afín a ti? ¿Por qué? (Puedes combinar dos o más autores en tu respuesta.)

Para efectos de este libro, y de acuerdo con la filosofía del Instituto Cana-diense de Salario Emocional, la felicidad depende de nosotros mismos y del cuidado que le otorgamos a cada una de las categorías del bienestar. Esto, además de contar con factores que pudieran estar relacionados con la buena fortuna.

Ahora que tienes más claro el alto dinamismo que la definición de felicidad puede tener, el nivel de personalización del tema es tal, que es prácticamente imposible medirlo en otra persona que no seamos nosotros mismos. Después de todo, la persona frente a ti podría tener una definición completamente distinta.

Después de haber aprendido de todos estos grandes pensadores, abordemos el concepto de felicidad de una forma más científica, que vaya que nos hace bien conocer cómo funciona nuestro cuerpo.

¿Sabías que existe un grupo de hormonas llamadas los cuatro fantásticos de la felicidad? ¡Vamos a conocerlas!

Las hormonas de la felicidad se encuentran a nuestra disposición de múltiples formas **y a pesar de que es cierto que en el enamoramiento abundan**, también es posible acceder a ellas con otros mecanismos.

# 4

# Los 4 fantásticos de la felicidad

## YA SON CINCO

¿Recuerdas haberte enamorado? Ese momento en el que aquella persona especial apareció en tu vida, esa que te hace sentir joven de corazón sin importar la edad que tengas apenas la ves. Ese hermoso sentimiento te embarga con una fuerte energía y al mismo tiempo te hace sentir relajado, te aborda haciéndote sentir en compañía mientras cualquier cosa te causa felicidad y risa. Cuando las cuatro hormonas de la felicidad se manifiestan en tu cuerpo, ¡estás enamorado! Ya después uno se casa y no las volvemos a ver juntas (¡es broma!).

**Las hormonas de la felicidad se encuentran a nuestra disposición de múltiples formas y a pesar de que es cierto que en el enamoramiento abundan, también es posible acceder a ellas con otros mecanismos.** ¡Sigue leyendo!

La dopamina, la oxitocina, las endorfinas, la serotonina y la melatonina son necesarias para mantener un equilibrio de disfrute y bienestar, y si lees con atención y pones atención a los detalles, ya habrás notado que son cinco. Eso es porque yo personalmente he agregado una hormona más al reconocido listado. ¡Descubre cuál he agregado!

La dopamina aparece cuando sonreímos, cuando disfrutamos de un momento, cuando reímos a carcajadas. ¿Hace cuánto tiempo que no ríes hasta que te duele el estómago? Es importante mantener cerca a aquellas personas que nos hacen reír, y si bien el lugar del trabajo debe de conservar una cierta formalidad, también debemos permitirnos crear espacio para el disfrute y la risa.

*Ejercicio*: ¿Cómo te gustaría promover la dopamina en tu vida? ¿Qué tendrías que hacer para que se incremente la cantidad de esta hormona en tu sistema?

¿Recuerdas la última vez que abrazaste a alguien que amas? Tal vez hayas sentido una sensación de cosquilleo en tu pecho que te invitó a apretar a esa persona un poco más, te llevó a mantener el abrazo por un poco más de tiempo o incluso a soltar una sonrisa y un suspiro mientras le seguías abrazando: se trata de los efectos de la oxitocina, también conocida como la hormona de los abrazos. (aunque «Don COVID» se enoje)

*Ejercicio*: ¿Cómo te gustaría promover la oxitocina en tu vida?

¿Qué tendrías que hacer para que se incremente la cantidad de esta hormona en tu sistema? ¿Cómo promueves la interacción social con otros seres humanos?

¿Cuál es tu canción favorita? Esa canción que te pone de buen humor y que sin darte cuenta te hace mover tu cabeza al ritmo de la música. Cuando el poder de la música cambia tu estado de ánimo, es porque la serotonina invade tu cuerpo. El mismo Friedrich Nietzsche, quien a menudo se expresaba acerca de la vida en términos pesimistas, mencionaba que la vida sin música sería un error, ¡así de poderosa es!

A menudo recomiendo a mis pacientes revisar con atención la música que escuchan, tener acceso a melodías y canciones que provoquen un disfrute, que mejoren nuestro estado de ánimo, y que nos hagan sentir bien, algo fundamental para nuestro bienestar. **¡Cuida de tu playlist!**

*Ejercicio*: ¿Cómo te gustaría promover la serotonina en tu vida? ¿Qué tendrías que hacer para que se incremente la cantidad de esta hormona en tu sistema? ¿Hace cuánto que no escuchas buena música?

Las endorfinas aparecen después de una sesión de ejercicio, pero para ello no es necesario convertirse en el próximo competidor olímpico: basta con incrementar un poco las pulsaciones cardiacas para comenzar a generar las endorfinas que nos hacen sentir. El ejercicio es fundamental para conservar la salud, tanto física como mental.

*Ejercicio*: ¿Cómo te gustaría promover las endorfinas en tu vida? ¿Qué tendrías que hacer para que se incremente la cantidad de esta hormona en tu sistema? ¿Hace cuánto que no haces ejercicio?

Hasta el momento llevamos cuatro hormonas y a pesar de que a menudo la lista termina ahí, he decidido agregar una hormona que requiere mucha atención últimamente. ¡Está olvidada!

¿Hace cuánto que no despiertas con ganas de comerte el mundo? ¿Hace cuánto que no duermes bien? A menudo escucho cómo los ejecutivos compiten por ver quién durmió menos: mientras uno declara que se fue a dormir después de medianoche, otro parece querer ganarle al decir que no ha dormido nada. Sin duda están en la competencia equivocada, yo preferiría competir por ver quien durmió más y mejor, ¿no crees?

La melatonina aparece para controlar nuestro ciclo de sueño. Es una hormona importante que nos permite dormir profundamente, a la hora adecuada, tener un sueño reparador y así poder abordar el siguiente día con nueva energía; es por eso por lo que yo la agrego como uno de los fantásticos de la felicidad. ¡Ya son cinco!

*Ejercicio*: ¿Cómo te gustaría promover la melatonina en tu vida? ¿Qué tendrías que hacer para que se incremente la cantidad de esta hormona en tu sistema?

Resumiendo: la risa, la buena música, el ejercicio, los abrazos y el sueño, todos ellos a nuestro alcance sin necesidad de presupuesto, todos ellos frecuentemente ignorados por los ejecutivos que persiguen más dinero pensando que les brindará el bienestar del que se olvidan disfrutar por perseguir el salario económico. La famosa «carrera de la rata».

¿Qué sucede cuando las hormonas de la felicidad no se encuentran presentes? Entonces aparece su antítesis, la hormona del estrés. En la glándula suprarrenal, justo por encima de nuestros riñones, se secretan dos hormonas cuando nos encontramos bajo tensión. Se trata de la adrenalina y el cortisol.

Tal vez recuerdes algún momento en el que has ido caminando por la calle y de la nada surge un perro ladrando o se activa la alarma de un coche, y sin darte cuenta pegas un brinco, saltas mucho más alto de lo que saltarías normalmente, corres mucho más rápido y unos segundos después sientes como las fuerzas te abandonan e incluso hay quién se siente desmayar. ¡Es el efecto del cortisol y la adrenalina!

El cortisol es sumamente importante para poder activar el mecanismo que nos permite mantenernos vivos, el mecanismo de supervivencia llamado en inglés fight or flight—pelea o huye—, el cual nos lleva a tomar una decisión fundamental para la supervivencia.

Acompañado del cortisol llega la adrenalina, esa hormona que nos permite tener la energía suficiente para poder lograr la misión que hayamos seleccionado, ya sea pelear tan fuerte como el más hábil boxeador o bien correr tan rápido como el más veloz atleta. Eres fuerte, rápido, invencible——al menos por unos segundos, mientras dure la adrenalina.

Mientras este mecanismo evolutivamente ha permitido la sobrevivencia del ser humano, al mantenerse activo de forma frecuente nos lleva a desarrollar algunas enfermedades relacionadas al estrés. Como hemos comentado previamente, nueve de cada diez consultas médicas tienen que ver con temas relacionados al estrés. La adrenalina y el cortisol se han convertido en nuestros enemigos. Después de todo, tanto la adrenalina como el cortisol se encuentran presentes en cada día de trabajo, y últimamente se trabaja diariamente: gracias al teléfono inteligente nos encontramos hiper-conectados; gracias al trabajo desde casa comenzamos a trabajar desde la cama y lo hacemos incluso desde el baño; no hay descanso, no hay desconexión, el estrés siempre está presente y es por eso el cortisol termina haciendo de la suyas.

Es tiempo de reducir los niveles de cortisol y comenzar a tener una vida mucho más placentera. ¿Cómo lograrlo? A continuación, te comparto algunas técnicas que los profesionales de la salud sugieren para reducir los niveles de cortisol.

**Vigila los patrones del sueño**: El sueño reparador es un poderoso reductor de cortisol. De siete a ocho horas de sueño de calidad cada noche es el estándar de oro para una salud óptima. Si no estás durmiendo lo suficiente, intenta adelantar la hora de acostarte. Si no logras conciliar el sueño hasta altas horas de la noche, intenta atenuar las luces y apagar los teléfonos, las computadoras y los televisores al menos una hora antes de acostarse.

**Ten cuidado con la cafeína**: sé que esto va a ser difícil de aceptar para muchos, pero sí, la cafeína incrementa el cortisol. No tienes que dejar de tomar tu taza de café de la mañana, pero si bebes café, al menos debes reducir la cantidad de tazas de café que ingieres diariamente, y sobre todo evitar el café después de las dos de la tarde. Esto mejorará tus ciclos de sueño.

**Actividad al aire libre**: El aire fresco y la luz del sol son los maestros zen, tienen una forma de despejar la mente que se traduce en niveles más bajos de cortisol. Pasa un tiempo en la naturaleza y admira la belleza de la madre tierra. Ya sea sentado en un banco del parque, caminando por un sendero o simplemente paseando por las calles de tu barrio, las actividades al aire libre tienen un efecto calmante sobre el cuerpo, y la salida a la naturaleza puede ayudarnos a recordar que formamos parte de un todo en el que no estamos solos. Por supuesto que en todos los casos se requiere de la decisión consciente de un individuo para desconectarse del entorno laboral y conectarse consigo mismo. Se requiere práctica, pero no es imposible ¡Tú puedes!

**Mueve tu cuerpo**: Necesitas ejercicio para tener un cuerpo fuerte y tonificado, pero el movimiento también hace maravillas con tu mente. De hecho, el ejercicio es un jugador importante en la lista de las estrategias que ayudan a reducir el cortisol. Tu cerebro libera endorfinas que te hacen sentir bien cuando te ejercitas, y la investigación científica ha demostrado beneficios significativos del impacto de las endorfinas en los niveles de cortisol (Taylor T, 1983).

Como podemos observar, el cortisol puede controlarse con actividades sencillas y que no requieren inversión alguna. ¿Qué piensas hacer para reducir los niveles de cortisol?

Continuemos nuestro viaje para encender la fogata del bienestar, esa que nos permite que aparezca la llama de la felicidad.

Todos los elementos son importantes, pero siempre hará falta el ser humano que los haga combinarse en la llama de la felicidad. **Bienestar es tener todos los elementos disponibles, felicidad es decidirse a encenderlos.**

# 5

# La fogata del bienestar

## ATRÉVETE A ENCENDERLA

Siempre he sentido una admiración especial por los bomberos: ellos corren hacia el peligro mientras todos corren para alejarse de él, cargan con un pesado equipo y utilizan una maquinaria que siempre han llamado profundamente mi atención, y en algún momento de mi vida pensé en registrarme como bombero voluntario, incluso hasta tomé el entrenamiento básico a pesar de los constantes regaños de mi padre, quien se oponía rotundamente a la idea.

Durante el entrenamiento básico nos enseñaron el triángulo del fuego: oxígeno, calor y combustible—si alguno de los tres no se encuentra presente el fuego simplemente se extingue. Gracias a este triángulo sabemos que existe más de una forma de extinguir un fuego, ya sea limitando la cantidad de oxígeno, reduciendo la fuente de calor o incluso esperando a que se agote el combustible.

Pero no siempre queremos que el fuego se apague. Después de todo, el fuego es un fiel compañero en la historia del hombre moderno, y es prácticamente imposible pensar en una sociedad moderna sin acceso a él.

Y si bien durante milenios el fuego reunió a los seres humanos a su alrededor (de forma ceremonial, para contar historias a su alrededor, o como forma de calor), en tiempos más modernos lo utilizamos principalmente para cocinar. En mi caso, me encanta el asado. Si deseamos encender una fogata para cocinar un asado, será importante que utilicemos buena leña, es decir, un buen combustible, y al mismo tiempo es necesario aplicar el suficiente calor para iniciar el fuego, lo que solemos hacer con un cerillo (o varios si eres inexperto), y por supuesto debemos alimentar el fuego con el suficiente aire que incremente el oxígeno para que se aviven sus llamas. Los tres elementos del fuego están entonces presentes y podemos disfrutar de un buen asado.

Si alguno de los elementos (fuego, oxígeno o combustible) se encuentra en malas condiciones, será más difícil encender la fogata: no es imposible, pero no es tan fácil. En la fogata del bienestar ocurre algo similar, se requiere contar con todos los elementos necesarios para encender el bienestar y facilitar la aparición de la llama de la felicidad; si uno de ellos se encuentra débil, será más difícil encenderla, pero si está completamente ausente, la fogata se extinguirá y el bienestar se habrá ido.

Todos los elementos son importantes, pero siempre hará falta el ser humano que los haga combinarse en la llama de la felicidad. **Bienestar es tener todos los elementos disponibles, felicidad es decidirse a encenderlos.**

En nuestra fogata del bienestar se requieren seis elementos que en el Instituto Emotional Paycheck, (Instituto especializado en enseñar a líderes y empleados en general a promover el bienestar en su entorno) les llamamos categorías del bienestar. A pesar de que estas categorías son las mismas para todas las personas, todos trabajamos con ellas de manera diferente. Todos tenemos nuestra propia forma de iniciar una fogata del bienestar, y no podemos ni debemos comparar nuestra fogata con la de otra persona, incluso si compartimos elementos o categorías.

La presencia de cada una de las categorías del bienestar necesarias para iniciar nuestra fogata es completamente subjetiva. Nadie puede decirte qué tan bajo o alto se encuentra alguno de tus elementos, ni mucho menos pueden decidir si eso es algo bueno o malo. Tu calificación es completamente subjetiva, es decir que está basada solamente en aquello que tú sientes: tú eres el único juez y testigo. Es tu vida, ¡es tu fogata!

Debido a su subjetividad, a los elementos para encender la fogata del bienestar los llamamos categorías de la percepción subjetiva del bienestar.

Cada una de las categorías de la percepción subjetiva del bienestar que son necesarios para iniciar la fogata del bienestar generan en tu cuerpo las hormonas que mencionamos en los 4 Fantásticos de la Felicidad, y también promueven las emociones necesarias para el bienestar y la felicidad.

¡Perfecto! Pero antes de nada, comencemos por hacer una aclaración: el bienestar no siempre depende de ti, la felicidad sí. ¡Explico!

Por supuesto que será más sencillo ser feliz si tenemos las categorías del bienestar bien equilibradas; sin embargo, incluso si contamos con todas las categorías del bienestar de forma abundante, **no podremos ser felices si no decidimos serlo.**

# 6

# Cómo ocuparse de...

## LO QUE DEPENDE DE TI

Hay una frase que dice «Nadie puede hacerte feliz si tú no quieres serlo», y en esto no podría estar más de acuerdo. La felicidad es ese estado emotivo que se genera cuando aparecen las hormonas que hemos mencionado anteriormente, y a lo largo de la historia muchas personas han logrado generar estados de felicidad incluso en las situaciones más difíciles que podamos imaginar, mientras que otros seres humanos que parecen «tenerlo todo» terminan por quitarse la vida o sumirse en adicciones. ¿Por qué?

Porque la felicidad depende de uno mismo y solo se facilita por medio del bienestar. Bienestar es tener todos los elementos disponibles, felicidad es decidirse a encenderlos.

¡Déjame contarte una historia muy personal!

Estoy en Puerto Príncipe, corre el mes de enero, apenas han pasado unos días del terremoto más grande que ha experimentado Haití en la historia reciente. Miles de casas están completamente destruidas, incluso la zona residencial de mayor poder adquisitivo (Pétion-Ville) se encuentra devastada. Hasta la casa presidencial se encuentra partida por la mitad.

Todo es caos, y conforme recorro las calles, veo como los cuerpos de las víctimas mortales son quemados en las esquinas mientras apenas unos metros delante algunos niños están jugando a la pelota. Una de miles escenas dantescas que aún recuerdo de aquella misión.

Llego a SONAPI (un parque industrial de la zona franca de Haití que ha sido acondicionado para recibir a los voluntarios extranjeros que acudimos a ayudar) de la mano de mi amigo Ramón Molina, soldado y voluntario de República Dominicana a quien conocí unos años atrás en un entrenamiento con la policía en México. Nos instalamos en un hospital de campaña que algunos dominicanos construyeron para dar atención médica básica a los lugareños, el mismo que posteriormente fue administrado por la organización Médecins du Monde.

Mi objetivo principal es prestar atención psicológica a los pacientes que aún se encuentran en estado de shock, pero como sucede a menudo, termino haciendo un poco de todo. Hay escasez de agua y de los recursos más esenciales; ahora mismo, ni siquiera tenemos un lugar en el cual realizar nuestras necesidades fisiológicas, y apenas medio litro de agua es consumido por los voluntarios diariamente. Estamos terriblemente deshidratados y sin la cantidad adecuada de agua, la salud corre peligro, no solo a nivel físico sino a nivel emocional. Mientras tanto, yo organizo mis consultas y los pacientes llegan en grandes cantidades, muchos de ellos con heridas que sobrepasan los materiales curativos que tenemos en el hospital. Entre ellos, una mujer de aproximadamente treinta años quien declara que su hijo y su esposo han fallecido en el terremoto hace algunos días.

Eso no es todo, esta mujer, de nombre «Nadege» no solo enfrenta la pérdida de sus familiares en el derrumbe de su casa, sino que además ha llegado con heridas múltiples en sus piernas, ya que quedó atrapada en un mercado semicolapsado al que acudió buscando algo que comer. Ingresó en el edificio semidestruido y una de las tapias colapsó atrapando ambas extremidades a nivel de la rodilla. El doctor piensa que la única solución para salvar su vida es amputarlas. ¡Vaya tragedia!

Nadege es solamente uno de los cientos de casos que pude ver de primera mano en aquella misión de rescate humanitario, donde miles de personas quedaron desamparadas, sin hogar, sin algunos de sus familiares. Si existen razones para estar tristes, en ese país se encontraban todas reunidas.

Nadege, después de perder sus piernas en la cirugía, fue trasladada a una pequeña tienda de campaña, donde pasó las horas hasta que despertó sumamente molesta por lo que había sucedido. Me culpaba a mí, culpaba al médico e incluso maldecía a todo aquel que entrase a su habitación, algo que resultaba especialmente incómodo ya que se encontraba en el mismo cuarto que otros dos pacientes quienes requerían visitas diarias.

Mi rutina matutina incluía visitar a los pacientes en sus habitaciones. Dentro de cada tienda de pequeña se encontraban tres pequeñas colchonetas se encontraban ubicadas en forma de herradura, que se nombraban A, B, y C en el sentido de las manecillas del reloj. Nunca olvidaré que Nadege se encontraba en la C, justo a la derecha al momento de entrar a la habitación.

Intentó de todo: me arrojó heces, trató de pincharme con una jeringa usada e incluso lanzó un conjuro vuduista para que yo sufriera como ella sufría. Estaba sumamente enfadada por lo que le ocurría y descargaba su furia en mí.

Pasaron los días y seguí visitando a mis pacientes, siempre teniendo cuidado de mi interacción y cercanía con Nadege, quien conforme pasaron las semanas comenzó a volverse más y más callada.

Un día dejó de hacer contacto visual conmigo. Se centraba en mirar el techo de la habitación mientras yo charlaba con los demás pacientes, y la vibra en la habitación se sentía diferente. Comencé a revisar sus manos sin que ella se diera cuenta, traté de identificar si se trataba de otro plan para hacerme daño, pero en esta ocasión sus manos estaban a la vista y su mirada perdida en el vinilo blanco del techo de la habitación. Me aproximé a la salida sin que se rompiera el extraño silencio. En esta ocasión no me gritó nada ni me lanzó ningún objeto, como solía hacerlo, así que salí de la habitación solo para volver en menos de dos segundos.

«Ou bien?» (¿estás bien?) pregunté con algo de curiosidad. «Mewn enkyete!» (estoy preocupada) respondió. Entonces ingresé nuevamente a su tienda de campaña para comenzar lo que sería una larga conversación sobre su futuro, lo que podría hacer ahora que no tenía casa y había perdido sus piernas. Por primera vez estábamos hablando de algo que sí se podía modificar: ¡el futuro!

Nadege se sorprendió de que yo quisiera ayudarla después de todo lo que había hecho en mi contra, pero la ayudé a comprender que ella estaba molesta consigo misma y sus circunstancias, y que yo entendía que su ira no era en contra mía, aunque tengo que reconocer que los golpes sí dolieron mucho («Ou se yon bon boxer» (tienes brazo de boxeador) le dije mientras me sobaba el brazo. Nadege soltó una carcajada).

Charlamos profundamente a lo largo de los días, e incluso acabó realizando un ritual para levantar las maldiciones que ella había lanzado sobre mí. Me pareció un lindo detalle que conservo siempre en mi memoria.

¿Qué había cambiado? ¿Por qué Nadege pasó de estar molesta a desearme buena fortuna? Ella seguía sin sus piernas y ciertamente sus familiares no volverían a verla. No había cambiado nada afuera, pero había cambiado todo por dentro. A pesar de que las condiciones para el bienestar de Nadege seguían siendo las mismas, ella había cambiado: tomando la decisión de aprovechar el poco apoyo que tenía disponible en ese momento, reunió los elementos disponibles del bienestar y comenzó a trabajar en encender de nuevo su fogata. ¡Bien por Nadege!

El bienestar son las condiciones que nos rodean; pueden ser escasas o abundantes, pero solamente pueden ser aprovechadas cuando el individuo decide enfocarse en ellas de manera positiva. El bienestar no depende completamente de ti, pero la felicidad sí.

**Por supuesto que será más sencillo ser feliz si tenemos las categorías del bienestar bien equilibradas; sin embargo, incluso si contamos con todas las categorías del bienestar de forma abundante, no podremos ser felices si no decidimos serlo.**

La felicidad es una decisión, y como tal no puede ser medida con exactitud: solo es experimentada por quienes la logramos promover en nuestras vidas. Por otro lado, el bienestar sí puede ser medido, promovido, controlado e incluso mejorado conscientemente. Por ello insisto en que la felicidad no se puede medir, pero el bienestar sí.

Entonces, ¿cuáles son estas categorías del bienestar? ¿Cómo podemos generar un entorno en el que las categorías del bienestar se encuentran presentes y bien equilibradas? ¡Vamos a ello!

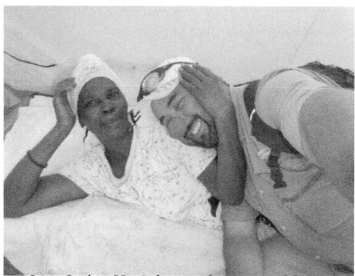

*Jaime Leal en Haití, durante el terremoto del 2010.*

El bienestar comprende aquellos aspectos físicos, emocionales, financieros, espirituales, sociales y comunitarios que son necesarios **para poder disfrutar de una vida digna y potencialmente feliz.**

# 7

# Categorías del bienestar

## Son seis

Como comentamos desde un inicio, debido a su carácter dinámico la felicidad no se puede medir, pero el bienestar sí. Felicidad y bienestar no son lo mismo, pero están muy conectados.

Para efectos de este análisis, el bienestar es ese estado de satisfacción personal y confort que facilita la aparición de emociones de felicidad, y que se encuentra relacionado con todos los aspectos que rodean al ser humano. Podríamos decir que el bienestar es contar con todos los elementos necesarios para poder encender esa fogata del bienestar de la que hemos hablado; es la plataforma sobre la cual se puede presentar la felicidad de forma mucho más frecuente y estable. Si cuentas con todos y cada uno de estos elementos, tendrás un acceso mucho más sencillo y constante a la felicidad.

**El bienestar comprende aquellos aspectos físicos, emocionales, financieros, espirituales, sociales y comunitarios que son necesarios para poder disfrutar de una vida digna y potencialmente feliz.** Esta vida puede fácilmente generar la dopamina, serotonina, endorfinas, melatonina y oxitocina necesarias para las emociones conectadas a la felicidad.

Las empresas, lideres políticos y empresariales, padres de familia y maestros, cada uno de los adultos conscientes deberían estar promoviendo las distintas categorías del bienestar en sus entornos, ya que esto facilita la aparición de la felicidad en sus diversas formas.

¿Puedes incrementar tu bienestar? Por supuesto, y lo mejor de todo es que a menudo no cuesta mucho trabajo incrementar cada una de estas categorías. En múltiples ocasiones solo necesitamos hacer pequeños ajustes que permiten grandes resultados en las áreas del bienestar. Incluso, muchas veces se trata solamente de hacernos conscientes de la importancia de ciertas cosas que tenemos a nuestro alcance, pero que olvidamos estimular. ¡Interesante!

¿Cuánto tiempo me llevará incrementar el bienestar? De la misma forma que la fórmula para la felicidad es única para cada persona, el tiempo que se tarda en ver resultados en cada una de las categorías del bienestar varían de persona a persona. Sin embargo, podemos decir que en general se pueden empezar a percibir cambios positivos a partir de las dos semanas (Passmore et al, 2017), aunque para algunas personas podría llevar un poco más de tiempo. Cada quien tiene su fórmula y tiempo para encender la fogata.

¿De dónde proviene este bienestar? El bienestar proviene tanto de fuentes externas como internas, dependiendo del tipo de la categoría a la que nos estemos refiriendo. En ocasiones, dependerá de factores externos, como las relaciones que tenemos con otras personas o con nuestro entorno. Mientras, en otras ocasiones se tratará más de un ejercicio de introspección, en el cual tendremos que trabajar la forma en que interpretamos las situaciones que tienen lugar a nuestro alrededor.

¿Cuáles son las categorías de la percepción subjetiva del bienestar? Comencemos por analizar el nombre. «Categoría» se refiere a la subdivisión del concepto de bienestar en los distintos aspectos que le componen. «Percepción» es aquello que un ser humano recibe como interpretación de su entorno. «Subjetiva» se refiere a que la interpretación que el ser humano realiza de esa realidad y su entorno se encuentra sujeta a sus propios filtros y puede ser diferente en cada persona. «Bienestar» es un término que ya hemos definido en esta misma sección como ese estado de satisfacción personal y confort, que facilita la aparición de emociones de felicidad.

Así que, al referirnos a las categorías de la percepción subjetiva del bienestar, estamos hablando de esa categorización (subdivisión) de los distintos aspectos que un ser humano percibe y que le brindan confort en su vida. En el instituto les llamamos categorías de la PSB, porque soy regiomontano y me gusta ahorrar palabras.

Las intervenciones de psicología positiva para aumentar la percepción subjetiva del bienestar y disminuir los síntomas depresivos son cada vez más populares (et al, 2009). Hay evidencia de efectos sustancialmente positivos del empleo de estas técnicas en la salud mental de los pacientes que las utilizan (Woodworth et al, 2013), a pesar de que, como toda ciencia en desarrollo, tiene sus detractores que la tildan de poco efectiva (Mongrain et al, 2012). Lo cierto es que la psicología positiva y las categorías de la PSB cada día ganan más adeptos y se presentan como una muy buena forma de medir el bienestar a nivel personal y empresarial.

A medida que analicemos cada una de las categorías de la percepción subjetiva del bienestar (PSB) te invito a que analices cómo se encuentran actualmente en tu vida personal y laboral. Así mismo, tendrás la oportunidad de identificar cuáles son aquellas actividades específicas que deberás incorporar en cada una de estas categorías para incrementar las posibilidades de que aparezca la felicidad tanto a nivel laboral como personal. ¡Aquí vamos!

Nota: Existen grandes investigaciones acerca de las diversas áreas del bienestar que son necesarias para poder generar la emoción de felicidad. En el instituto Emotional Paycheck nos concentramos en seis de ellas.

**Recuerda PSB significa: Percepción Subjetiva del Bienestar.**

## PSB social

Carlos es un líder de proyecto que trabaja en una empresa de tecnología, cuenta con certificaciones en administración de proyectos, metodologías ágiles y recientemente ha logrado el grado de scrum master, el cual lo coloca muy por delante de otros líderes de proyecto de la empresa. Sin duda alguna, Carlos está muy bien calificado.

El jefe de Carlos tiene un estilo de liderazgo autócrata en el cual no news, good news (no hay noticias, buenas noticias), es decir, que el jefe solamente otorga retroalimentación cuando las cosas van mal. ¡No hay reconocimiento ni retroalimentación positiva!

Carlos no tiene certidumbre sobre la calidad de su trabajo, desconoce si su jefe nota sus esfuerzos y a pesar de que no está certificado en salario emocional, Carlos puede sentir que no es reconocido.

Sara es madre de dos hijos, trabaja como ejecutiva en un banco de Ecuador y con su salario mantiene también a su madre, quien ayuda con los niños en casa.

Los hijos de Sara ya han crecido y atraviesan la etapa adolescente: en ocasiones no llegan a dormir a casa, en rara ocasión la abrazan y no recuerda la última ocasión en que le dijeron «gracias». Sara se siente muy desmotivada y se cuestiona si ha sido una buena madre.

Tanto Carlos como Sara tienen una necesidad de reconocimiento, aprecio y cariño que no ha sido cubierta, y por ello su categoría de la PSB Social se encuentra baja.

La categoría social del bienestar nos conecta con aquello que nos brinda emociones positivas a través de la sensación de conexión con otros seres humanos y con la posibilidad de que lo que hacemos es apreciado por las personas a nuestro alrededor.

Es momento de que evalúes tu caso en particular: ¿cómo se encuentra la cantidad/calidad de amor, respeto, reconocimiento y aprecio que recibes de tu entorno de trabajo?

Utilizando una escala «Likert» del uno al cinco, donde uno es «muy malo» y cinco es «excelente» evalúa cada una de las categorías en las que se presente el siguiente gráfico.

Categoría social personal: la cantidad y calidad de amor, aprecio, respeto y cariño que percibes del entorno personal y familiar.

Categoría social laboral: la cantidad de reconocimiento y aprecio que percibes de tu entorno laboral (jefe, compañeros, clientes y comunidad en general).

Para ayudarte a analizar esta categoría de manera más específica, te invito a responder a las siguientes preguntas de apoyo:

- ¿Qué tan valorado te sientes en tu trabajo actualmente?

- ¿Qué tan valorado te sientes en tu familia actualmente?

- ¿Cuántas muestras de aprecio y respeto recibes en tu trabajo?

- ¿Cuántas muestras de aprecio y respeto recibes por parte de tu familia?

- ¿Qué tanto amor percibes hacia ti desde tu entorno laboral?

- ¿Qué tanto amor percibes hacia ti desde tu entorno laboral?

Con estas respuestas, podrás evaluar la categoría de la PSB social tanto en tu vida personal como laboral.

## PSB comunitario

Hace unos días, mientras visitaba a unos amigos en la festividad de Acción de Gracias, veía como uno de los abuelos de la familia, un señor de aproximadamente 85 años, se encontraba sentado en una silla cerca de la cocina mientras el resto de la familia compartía en la mesa principal.

Cada familiar que llegaba mostraba un gran aprecio por el abuelo, le llevaban un regalo y le mostraban cariño—seguramente la categoría de la percepción subjetiva del bienestar social del abuelito estaba bastante nutrida—, sin embargo, tan pronto saludaban al abuelo se disponían a entablar conversación con alguien más. En medio de la gente, ¡el abuelo estaba solo!

Tal vez porque era un poco sordo, tal vez porque no tenía conocimiento de los temas de actualidad o tal vez porque era el único que no tenía teléfono inteligente, pero nadie charlaba con el abuelo. Era como si no perteneciera a la familia.

Recuerdo que, cuando recién llegué a Canadá en el año 2010, acudía a reuniones de trabajo y en cada sesión conectaba con potenciales nuevos amigos, sin embargo, llegaba el fin de semana y me encontraba solo. De lunes a viernes tenía trabajo, pero el fin de semana mi teléfono no sonaba para nada. Sentía que clientes y proveedores me apreciaban, y mi categoría social se sentía satisfecha en este nuevo país, pero al llegar el fin de semana simplemente sentía que no pertenecía.

En ambos casos, el abuelo y yo padecíamos del mismo problema: ¡una baja calificación de la categoría PSB comunitaria!

La categoría de la percepción subjetiva del bienestar comunitario nos permite entender, medir y potencialmente mejorar la calidad de las relaciones interpersonales que tenemos con otros miembros de la comunidad, grupo, equipo o familia de la que formamos parte. No solo se trata de ser amado, sino de ser integrado, ¡no solo se trata de que te inviten a la fiesta, sino de que te inviten a bailar durante la misma!

Ahora es tu turno: ¿cómo sientes que te encuentras dentro de la categoría PSB Comunitaria?

Utilizando una escala «Likert» del uno al cinco, donde uno es «muy malo» y cinco es «excelente» evalúa cada una de las categorías en las que se presente el siguiente gráfico.

Categoría de la percepción subjetiva del bienestar comunitario personal: Cantidad y calidad de vínculos y conexiones emocionales con otras personas dentro del círculo familiar (amigos, familia, grupos de pasatiempos, etc.).

Categoría de la percepción subjetiva del bienestar comunitario laboral: Cantidad y calidad de relaciones de amistad dentro del entorno laboral (amigos en otros departamentos, sensación de impacto holístico, etc.).

Para ayudarte a analizar esta categoría de manera más específica, te invito a responder a las siguientes preguntas de apoyo:

A nivel profesional:

• ¿Qué tanto impacto percibes en tu trabajo a raíz de tus acciones?

• ¿Qué tan fácilmente identificas la forma en que contribuyes a otros departamentos, áreas o proyectos en la organización?

• ¿Cuán identificado te sientes con el resultado final de la empresa?

• ¿Cuántos de tus amigos personales también trabajan en la empresa?

• ¿Te sientes parte importante de la comunidad laboral en la que te desempeñas?

A nivel personal

• ¿Qué tan conectado te sientes con otros miembros de la familia?

• ¿A cuántos grupos de amigos o familiares perteneces?

Estas son solo algunas de las preguntas que te ayudarán a evaluar la calidad de tu bienestar comunitario.

## PSB de carrera

Ramiro es un profesional de tecnología que trabaja para una empresa pequeña en Guadalajara, México. Tiene un buen salario económico y cuenta con el reconocimiento de sus compañeros, es la mano derecha del dueño y, de forma general, Ramiro sabe que tiene las llaves electrónicas de la empresa. Su conocimiento en redes y desarrollo de software le llevaron a desarrollar un sistema de control de inventarios que modifica conforme las necesidades del negocio. Hoy en día es el único que conoce el sistema a fondo. Es una pieza fundamental para el correcto funcionamiento de la empresa de manufactura en la que trabaja.

Rogelio, su jefe, lo involucra en todas las decisiones y le proporcionó varios incentivos económicos añadidos a su salario económico. A pesar de esto, Rogelio nota que Ramiro está algo desmotivado últimamente y eso le preocupa, pero no hay mucho que pueda hacer. Ramiro tiene una necesidad de crecimiento que la empresa no puede ofrecer y está listo para nuevos retos. ¿Conoces a alguien así?

Muy probablemente, Ramiro termine por renunciar a su empleo. Incluso podría aceptar uno en el que se le pague un poco menos, siempre y cuando exista la posibilidad de aprender cosas nuevas y crecer a mejores niveles. Así de poderoso es el bienestar de carrera.

En más de una ocasión he visto cómo profesionales renuncian a empleos bien pagados económicamente porque no tienen futuro profesionalmente. En algunos casos, como el de Ramiro, el siguiente puesto es ser dueño de la empresa, y eso simplemente no va a suceder. En otros, asistentes ejecutivos tienen maestría en administración de negocio y certificaciones en manejo de conflictos, pero no les permiten tomar ni una sola decisión. En cualquier caso, el poder poner en práctica los talentos, fortalezas de carácter y virtudes con los que contamos en beneficio de la organización es fundamental para experimentar el bienestar de carrera.

Tan malo es estar en un punto donde tienes tantas tareas que experimentas altos niveles de estrés, como encontrarte en un puesto en el que las tareas son tan básicas que terminas por aburrirte y sentirte estancado. ¡El balance es clave! Por eso, en la certificación de embajadores del salario emocional, enseñamos una técnica llamada EFC que nos brinda la información requerida para nivelar la carga laboral en todo el equipo de colaboradores. (puedes conocer más registrándote a la certificación de Embajadores del Salario Emocional)

A nivel personal también tienes una carrera, ya que utilizas tus talentos de forma que contribuyes a la familia, a la pareja o a un grupo de amigos. Para mí es importante saberme un buen padre, un buen esposo, un buen hijo, y cumplir con mis obligaciones de acuerdo con el rol que yo mismo he creado de paternidad, matrimonio y familia.

¿Qué tan buen padre soy? ¿Cómo me desempeño como esposo? Recuerdo que alguna vez le dije a mi esposa, «Yo sé que eres autosuficiente y eso me encanta; eres una profesional exitosa, una mujer muy inteligente y con mucha energía, pero quiero que sepas que para mí es importante cumplir con el rol de esposo que yo considero adecuado, el de las 3P (Proveer, Proteger y Proclamar). Como esposo yo quiero proclamar que eres mi esposa, contarles a mis amigos, nuevos clientes y personas en general que estoy casado; me enorgullece presentarte como mi esposa, eso es importante, estoy enamorado y quiero gritarle al mundo que eres mi esposa. Además, quiero protegerte; sé qué podrías defenderte por ti misma, pero en mi definición de caballerosidad y matrimonio me encanta saber que puedo protegerte de cualquier peligro que se pueda presentar, que no estás sola y que cuentas con mi apoyo siempre. Por último, quiero proveer; es importante sentir que aporto, que cubro necesidades, que brindo casa, comida, sustento y otros gustos que te permitan el acceso al bienestar y la felicidad; sé que participas y participarás en el aporte financiero de nuestra pareja y familia, pero es para mí importante saber que estoy cumpliendo con mi parte, que proveo y que lo hago bien».

En mi definición de PSB de carrera personal, mi bienestar en mi relación de pareja se define como la forma en que cumplo con la proclamación, protección y provisión de todo lo necesario para que mi familia se encuentre bien; es una de las formas en que puedo percibir si soy un buen esposo.

Para evaluar la categoría de la PSB de carrera tanto a nivel personal como profesional, responde las siguientes preguntas que te ayudarán a medir la calidad del bienestar de carrera que gozas actualmente:

**A nivel profesional:**

- ¿Cuáles son tus talentos, virtudes y fortalezas de carácter?

- ¿Cuáles son tus credenciales técnicas? ¿Has adquirido nuevas competencias recientemente?

- ¿Utilizas este conocimiento en tu puesto actual?

- ¿Tienes un plan de crecimiento profesional claro y con objetivos alcanzables?

- ¿Confías en que el crecimiento se dará dentro de la organización en la que laboras actualmente?

- ¿Tienes tareas que están alineadas a tu nivel de capacitación?

Utilizando una escala «Likert» del uno al cinco, donde uno es «muy malo» y cinco es «excelente» evalúa cada una de las categorías en las que se presente el siguiente gráfico.

**A nivel personal:**

- ¿Cuáles son tus talentos, virtudes y fortalezas de carácter?

- ¿Qué tal desempeñas tus roles como padre, pareja, hijo, hermano, amigo?

Utilizando una escala «Likert» del uno al cinco, donde uno es «muy malo» y cinco es «excelente» evalúa cada una de las categorías en las que se presente el siguiente gráfico.

## PSB físico-emocional

Sin duda alguna esta es la categoría más popular en tiempos de pandemia, donde los niveles de estrés han superado máximos históricos de acuerdo con los más recientes estudios de la APA (American Psychology Association). Y es que la salud física y la emocional se encuentran vinculadas, y por lo tanto debemos cuidarlas por igual.

**Cuidado físico**: promover un ambiente laboral saludable para los empleados, a través de prácticas y medidas que fomenten un estilo de vida saludable, prevenir lesiones y aumentar la seguridad en el trabajo.

**Descanso**: se refiere a las pausas y períodos de tiempo libre que los empleados tienen durante su jornada laboral para descansar y recuperar su energía. El descanso en el trabajo es importante para la salud y el bienestar de los empleados, ya que puede ayudar a reducir el estrés y la fatiga, mejorar la concentración y la productividad, y prevenir lesiones y enfermedades relacionadas con el trabajo.

**Desconexión digital**:  se refiere a la práctica de apagar o desconectar dispositivos electrónicos y redes sociales, a fin de desconectar de la tecnología y pasar tiempo sin distracciones digitales. Es una práctica que busca ayudar a las personas a equilibrar su relación con la tecnología y reducir el estrés y la fatiga relacionadas con la sobrecarga de información y la disponibilidad constante.

**Espacios de conversación y apoyo**: son foros o grupos en los que los empleados pueden hablar y compartir sus experiencias y preocupaciones relacionadas con el trabajo. Estos espacios pueden ser físicos o virtuales, y pueden ser organizados por la empresa o por los propios empleados.

Hay varios tipos de espacios de conversación y apoyo para trabajadores, algunos ejemplos son:

- *Grupos de discusión*: estos son grupos en los que los empleados pueden hablar sobre temas específicos relacionados con el trabajo, como políticas de la empresa, problemas de seguridad, o mejoras en el ambiente laboral.

- *Grupos de apoyo*: estos son grupos en los que los empleados pueden compartir sus preocupaciones personales o profesionales y recibir apoyo emocional y consejos de otros empleados.

- *Programas de mentoría*: en estos programas, los empleados pueden ser asignados a un mentor que les brinda apoyo y orientación en su carrera laboral.

- *Espacios de meditación o relajación*: estos son lugares o espacios en la empresa que han sido especialmente diseñados para ayudar a los empleados a relajarse y reducir el estrés.

Sensación de logro: se refiere a la experiencia de tener una sensación de éxito y realización al lograr un objetivo o metas. Es la sensación de haber hecho algo que es importante para uno mismo y haberlo hecho bien.

Buenas relaciones personales dentro del entorno laboral: se refieren a las relaciones positivas y saludables que se establecen entre los miembros de una organización. Estas relaciones pueden incluir relaciones entre compañeros de trabajo, superiores y subordinados, así como relaciones con clientes y proveedores.

Todas ellas juegan un rol importante para la salud física y emocional de los colaboradores en la empresa. ¿Te ha dicho el médico que debes reducir el nivel de estrés en tu vida? ¿Cuentas con algún reto de salud derivado del estrés?

Para poder evaluar esta categoría, es importante conocer un poco más sobre la conexión que existe entre la llamada hormona del estrés (cortisol) y las enfermedades físicas que comúnmente conocemos. A continuación, encontrarás una lista de algunas de las enfermedades físicas relacionadas con unos niveles altos de cortisol, realizada por R. Morgan Griffin y revisada por el médico Joseph Goldberg (Griffin, 2014).

- **Migrañas o jaquecas constantes**: está comprobado que existe una relación entre la aparición de jaquecas y migraña con los niveles de estrés (Armstrong et al, 2006), y estoy seguro de que esto no es sorpresa para ninguno.

- **Problemas gastrointestinales**: a pesar de que el cortisol no causa úlceras, las puede empeorar. De hecho, el alto nivel de estrés está relacionado con otras enfermedades gastrointestinales como el reflujo y colon irritable (Levenstein, 1998). ¿Padeces alguna de estas?

- **Envejecimiento prematuro**: seguro que ya tengo tu atención. En estudios realizados con madres que sufrían de altos niveles de estrés al cuidar de pequeños con enfermedades crónicas, un estudio a nivel de cromosomas mostró un envejecimiento prematuro de entre siete y diecisiete años más que en madres con hijos sanos (Pollack et al, 2018), (Pardon, 2007). ¡Vaya dato!

- **Depresión y ansiedad**: estas enfermedades, cada vez más comunes en un mundo excesivamente estresado, se encuentran estrechamente vinculadas con los altos niveles de estrés (Griffin, 2014). Aquellas personas con altos niveles de estrés presentan un 80 % más de probabilidades de sufrir de enfermedades como ansiedad y depresión. ¡Pero hay muy poca conciencia sobre estas enfermedades en el ambiente laboral!

- **Diabetes**: probablemente no consideras esta como una enfermedad relacionada con el estrés, sin embargo, los altos niveles de estrés afectan la diabetes en dos formas: primero, por los malos hábitos que se pueden desarrollar al tener altos niveles de estrés, y por otro lado, los altos niveles de estrés parecen estar conectados con los niveles de azúcar en el organismo (Lloyd et al, 2005).

¡Alerta con esos datos!

- **Obesidad**: ¡Uy! De acuerdo con recientes investigaciones, el cortisol (hormona del estrés) es parcialmente responsable de la acumulación adicional de la grasa abdominal (Björntorp, 2001). Por ello le insisto a mi esposa que yo no estoy obeso, que simplemente estoy altamente estresado. ¡Necesito un masaje!

- **Problemas cardíacos**: creo que la veías venir. Después de mencionar la obesidad, la diabetes, la depresión y otras más, es natural que el corazón se vea afectado. Estos problemas van desde la alta presión arterial típica cuando estamos bajo estrés, hasta infartos fulminantes por exceso de estrés (Chandola et al, 2008).

- **Alzheimer**: esta terrible enfermedad puede acelerarse en su progresión por los altos niveles de estrés de acuerdo a estudios realizados con algunos animales (Chong et al, 2005). ¡Increíble pero cierto!

Estoy seguro de que después de ver este listado, ya has considerado la importancia de controlar los niveles de estrés en nuestras vidas, después de todo, una de las muchas cosas que nos enseñó la pandemia, es que las personas vulnerables no solo son aquellas que tienen una discapacidad, sino aquellas que tienen sobrepeso y algunas condiciones de salud específicas, diabéticos, hipertensos y personas con sobrepeso fueron los primeros «aislados» ante el COVID, ¿recuerdas?

Pero esta categoría del PSB físico-emocional abarca un tema adicional, el tema físico, uno que a menudo es supervisado por el área de seguridad industrial.

Algunas empresas proveen a sus colaboradores con el equipo necesario para trabajar de manera segura, otras no. Haz un análisis de las distintas formas en que la empresa cuida de ti. Por ejemplo, en las áreas de producción el cuidado físico puede identificarse fácilmente cuando la empresa provee equipo de protección como lentes, guantes, zapatos con protección, chalecos reflectores y cascos. También en las oficinas se puede cuidar del personal al vigilar la cantidad y calidad de luz, calidad del aire, ergonomía con sillas y escritorios adecuados e incluso equipando los monitores con protectores de pantalla que reduzcan el impacto en nuestros ojos. Todos estos son signos de que la empresa se preocupa por cuidar de ti físicamente también.

Ahora sí, es el momento de evaluar la calidad de esta categoría en tu vida. Usa las preguntas de apoyo para analizarla:

- ¿Tienes alguna enfermedad relacionada con el estrés?

- ¿Tomas iniciativa para cuidar de tu estado de salud mental?

- ¿Sientes que tu trabajo afecta directamente tu salud física o emocional? ¿Estás haciendo algo al respecto?

- ¿Qué tanto contribuye tu trabajo a tu bienestar físico y emocional?

- ¿Qué tanto aprovechas y tomas ventaja de las prestaciones de salud física y emocional de tu empresa?

Utilizando una escala «Likert» del uno al cinco, donde uno es «muy malo» y cinco es «excelente» evalúa cada una de las categorías en las que se presente el siguiente gráfico.

1    2    3    4    5

Solo se requiere una escala, ya que la misma aplica para tu espacio personal y laboral.

¡Evalúa y analiza el resultado!

## PSB financiero

El aspecto financiero también juega un rol importante en nuestra felicidad y es importante considerarlo como tal.

Rosa María tiene un buen empleo como gerente de un call centre; su empresa le ofrece un buen salario económico y además algunas prestaciones como vales de despensa, comedor con precio preferencial y ayuda para transporte. Rosa María es soltera y aún vive en casa de sus padres por lo que prácticamente puede ahorrar el 90 % de lo que gana en su puesto actual. Sin embargo, no todo es miel sobre hojuelas, ya que ella tiene algunos pasatiempos que no son nada económicos.

Hay un casino cercano a su lugar de trabajo en el que regularmente llega a apostar por algunas horas, es cliente conocida del lugar y se sabe que en ocasiones ha apostado más de lo que ha ganado en un mes. Tal vez impulsada por el entorno del juego, Rosa María también ingiere bebidas alcohólicas con frecuencia, gusta de comprar ropa de marca y frecuenta cada concierto que se presenta en su ciudad. La tarjeta de crédito de Rosa María presenta varios pagos atrasados y en ocasiones ha recibido llamadas del banco en su lugar de trabajo.

Ella tiene un buen ingreso económico pero una pésima educación financiera. Vive con la incertidumbre de cuánto dinero debe y de si podrá pagarlo, y prácticamente inicia cada mes con un poco más de deuda. Ha solicitado préstamos a la empresa en varias ocasiones y se la ve molesta cuando se le cobran en su recibo de nómina. Podría estar comprando una propiedad, pero no puede siquiera cubrir sus gastos más básicos. ¿Conoces a alguien como Rosa María?

La PSB financiero es calidad de la salud financiera de una persona considerando sus ingresos, egresos y ahorros, su capacidad de ahorro e inversión, así como sus hábitos de consumo. No solo se trata del dinero que ganas, sino del dinero que puedes conservar después de cubrir tus gastos.

Estas son algunas de las preguntas de apoyo que te ayudarán a valorar si tu categoría financiera se encuentra en buen estado:

- ¿Qué tal están tus finanzas?

- ¿Tu salario económico te permite cubrir tus deudas y tener capacidad de ahorro?

- ¿Tienes tantas deudas que requieres de un segundo o un tercer empleo para cubrir tus gastos?

• ¿Tu situación económica se debe a tu poca educación financiera?

Utilizando una escala «Likert» del uno al cinco, donde uno es «muy malo» y cinco es «excelente» evalúa cada una de las categorías en las que se presente el siguiente gráfico.

Solo se requiere una escala, ya que la misma aplica para tu espacio personal y laboral.

## PSB espiritual

A pesar de que en el entorno corporativo mencionamos solamente cinco categorías del bienestar, existe una más a nivel personal que te invito a valorar. Se trata de aquella que te conecta con tus creencias, y es esa que en ocasiones dejamos olvidada por estar inmersos en la carrera de hacer más, tener más y hacerlo todo más rápido. Se trata de la percepción subjetiva del bienestar espiritual.

¿Hace cuánto tiempo que no pasas un momento a solas? No me refiero a ese momento en el que te aíslas en el teléfono viendo memes y videos, sino a un momento en el que te conectes contigo mismo y te recuerdes lo importante que es vivir. ¡Un momento espiritual!

No necesitas ir a lo alto de una montaña. Bastará con reservar un momento para conectarte contigo mismo y con tus creencias, historia y objetivos. Algunas personas encuentran este momento en la oración, otros al asistir al culto, iglesia, mezquita o sinagoga, algunos en compañía de un grupo de meditación y otros mientras arreglan su jardín. ¡Así de diversos somos!

Lo importante es reconocer el «para qué» de nuestra vida, la razón de nuestro esfuerzo, el propósito de nuestra existencia. En ocasiones, nos sometemos a la decisión de un ser supremo que nos cuida y acompaña en nuestras tribulaciones. Yo lo llamo oración, pero tú puedes llamarlo como quieras. Lo importante es que guardes un momento en el día, o al menos en la semana, para meditar y conectar con aquello que te resulta más importante, ¡amén! (Así sea).

En lo personal, te comparto que en mi casa tengo un pequeño altar que más bien pareciera un árbol genealógico, con fotografías de mis abuelos y de mis padres. La mayoría de ellos ya fallecieron y les recuerdo con su sonrisa tal y como aparecen en la imagen. Durante el día, reservo un momento para hablar con ellos. En ocasiones les cuento mi día, mis preocupaciones y me pregunto qué harían ellos en mi lugar. ¡A menudo eso me saca una sonrisa! Me siento orgulloso de seguir su legado y me imagino que están sonriendo desde el cielo al verme. ¡Nunca estoy solo!

Por las mañanas, le pido a Dios que me ilumine y me ayude a encontrar el talento requerido para hacer frente a aquello que me aqueja, y ofrezco un rezo breve para comenzar mi jornada. En ocasiones ese rezo sucede mientras camino con mi perro en el parque, mientras cuido de mis plantas, cuando estoy atorado en el tráfico o cuando me siento en la cama a ver a través de la ventana. En cualquier caso, lo importante es conectar contigo mismo. ¿No lo has hecho nunca? ¡Inténtalo!

Otra forma de conectar con la espiritualidad es el agradecimiento. A mí me encanta llevar un diario de aquellas cosas que agradezco. En un mundo en el que se nos bombardea con malas noticias y se nos alimenta una ansiedad colectiva con malos augurios en la televisión y las redes sociales, es importante contar con un contraataque. Para mí, esa es la gratitud.

Un ejercicio que me enriquece mucho es el ejercicio de la botella, el cual consiste simplemente en tener una botella transparente en la que voy colocando pequeños papelitos con las cosas buenas que me ocurren durante el año. Pueden ser el logro de objetivos, una buena fiesta, la visita de un buen amigo, incluso algún accidente menor que después se convierte en un recuerdo gracioso. Todos estos papelitos van llenando la botella durante todo el año y en una fecha especial, en mi caso en Navidad, la abrimos y comenzamos a recordar todos y cada uno de los momentos vividos durante esos doce meses.

La botella de la gratitud logra varios objetivos. Por un lado, me permite hacer una pausa y agradecer un buen momento. Además, es una referencia visual que me permite recordar que hubo buenos momentos durante el año. Incluso, en un día malo puedo voltear a verla y recordar que no todo ha sido tan malo. Por último, la botella permite celebrar un ciclo de cosas buenas. ¡Haz tu botella del agradecimiento!

[FOTO BOTELLA DE AGRADECIMIENTO]

En una empresa de Nicaragua, adaptamos este ejercicio al entorno orga-nizacional colocando una botella de agradecimiento en un departamento. Durante el año, vamos colocando agradecimientos específicos para los miembros del equipo de trabajo. Se ha convertido en una excelente forma de satisfacer el reconocimiento en los equipos de trabajo.

El agradecimiento es una excelente herramienta de bienestar. Es increíble la cantidad de energía que desperdiciamos en el miedo, la incertidumbre y la ira. Es importante ejercitar el músculo del agradecimiento. Si deseas un diario de gratitud puedes buscar 30 días de gratitud, por Jaime Leal, en Amazon, y estoy seguro de que te gustará. (búscalo en Amazon)

Utilizando una escala «Likert» del uno al cinco, donde uno es «muy malo» y cinco es «excelente» evalúa cada una de las categorías en las que se presente el siguiente gráfico.

Preguntas de apoyo:

Nota: Estas preguntas pueden o no apegarse a tu realidad espiritual, siéntete en libertad de ignorar las que consideres que no se apegan a tu creencia religiosa.

- ¿Hace cuanto tiempo que no rezas / oras / meditas?

- ¿Cuándo fue la última vez que charlaste con Dios?

- ¿Has acudido a la celebración de tu culto religioso? (iglesia, tem-plo, culto, sinagoga, mesquita, etc.)

- ¿Te sientes en paz con Dios?

Ejercicio de medición del bienestar

Solo se requiere una escala, ya que la misma aplica para tu espacio personal y laboral.

¿Cómo te evalúas en tu categoría espiritual?

Ahora que hemos revisado las categorías del bienestar (PSB), es momento de realizar un ejercicio de introspección y autoevaluar el estado en el que se encuentra cada una de estas categorías en nuestra vida.

En cada categoría encontrarás uno o dos gráficos para colocar una calificación. Puedes referirte a las preguntas de cada categoría para tener una evaluación más certera. ¡Tómate tu tiempo!

Puedes utilizar el siguiente espacio para escribir tus reflexiones:

Sin duda alguna, el jefe inmediato es uno de los elementos determinantes para tu bienestar, ya que **se convierte en el portavoz de las prestaciones y beneficios de la organización.**

# 8

# Evaluando tu fogata del bienestar

E s momento de transcribir las calificaciones otorgadas a través de este ejercicio, pero puedes colocar los números obtenidos y seguir leyendo. ¡Más adelante analizaremos tus resultados!

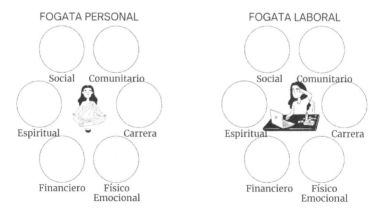

## Los triángulos del bienestar

Como he mencionado en varias ocasiones durante este libro, la felicidad depende de ti, pero el bienestar no—al menos no completamente.

Para que se puedan presentar los elementos necesarios del bienestar en nuestras vidas tenemos que abordar el problema en tres diferentes dimensiones a las cuales llamo triángulos del bienestar:

1. **Triángulo del bienestar social**

2. **Triángulo del bienestar laboral**

3. **Triángulo del bienestar personal**

Cada uno de estos triángulos cuenta con diferentes influencias y elementos que terminan por determinar qué tan sencillo es el acceso al bienestar integral de un individuo.

En el macro (una visión general y con una perspectiva muy amplia) podemos ver el triángulo del bienestar social, el cual considera elementos de la comunidad, el gobierno y la sociedad en general; un triángulo más pequeño es el triángulo de bienestar laboral, el cual incluye la relación que existe entre la empresa, los líderes de esta y el colaborador; por último, tenemos el triángulo de bienestar personal, en el cual debemos equilibrar nuestras prioridades personales y familiares.

Estos tres triángulos interactúan constantemente determinando qué tan sencillo es el acceso al bienestar. ¡Exploremos cada uno de ellos!

## Triángulo del bienestar social

Es importante no confundir el triángulo del bienestar social con la categoría de la percepción subjetiva del bienestar social. Son dos cosas diferentes.

### Triángulo del bienestar social, lado «A» – El gobierno

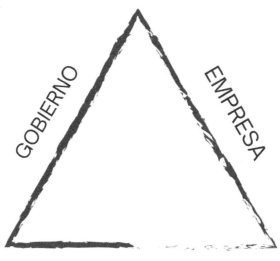

**Triángulo de bienestar social**

Sin duda alguna, nuestras circunstancias van dictando nuestra definición de bienestar y felicidad, y por lo tanto no podemos juzgar a una persona desde un contexto diferente, sin conocer sus circunstancias. ¡Te contaré una historia!

Después de una de las misiones de rescate humanitario a las que acudí, algunos de mis amigos se reunieron para organizar una fiesta de bienvenida. Uno de los restaurantes más lujosos del norte de México sería la sede y mis amigos llegaban ordenando diversas bebidas y aperitivos.

Durante esa misión había pasado más de 45 días trabajando largas jornadas, durmiendo en una pequeña tienda de campaña, escuchando como los roedores buscaban entrar siguiendo el aroma de los restos de comida (es la única ocasión en la que he visto que hay tantos ratones que terminan por colisionar unos contra otros tratando de huir cuando les apuntaba con la linterna), no teníamos suficiente agua para beber y mucho menos para bañarnos, apenas y me había duchado en dos ocasiones durante todo ese tiempo.

Los recursos también eran escasos, recuerdo haber escondido un pequeño bote con agua de apenas 500 ml, ya que pensaba compartirlo con dos niños en caso de que no llegaran a resurtir el agua potable en el hospital en el que trabajaba, ¡así de difícil era la situación!

En la bodega del hospital, había una pequeña tienda con cajas acumuladas por doquier donde trabajaba Baptiste, un joven de Haití de aproximadamente veinte años quien apenas cobraba un dólar por el día de trabajo, en el que mantenía el inventario de nuestra bodega de medicamentos e insumos.

En ocasiones hacía una parada frente al pequeño escritorio de madera en el que trabajaba Baptiste, y conversábamos acerca de su vida en Haití previo al terremoto, charlábamos sobre temas diversos e incluso en alguna ocasión me pidió que le diera acceso a los preservativos que habían llegado como donación porque tenía una cita. ¡Nos teníamos confianza!

Una de las tardes que pasé frente su escritorio, me llamó con la mirada. Cuando me acerqué me di cuenta de que apuntaba hacia una cubeta que tenía muy cerca de su silla.

«¿Qué es?» le pregunté.

«Hielo,» me respondió mientras sonreía de tal forma que podía ver completamente su blanca dentadura.

«¿Dónde lo conseguiste? Bueno, mejor no me digas, rápidamente iré por un pequeño vaso para que me des un trozo.» Rápidamente me dirigí hacia mi tienda de campaña, donde tenía guardado mi pequeño vaso que trataba de mantener lo más limpio posible, regresé corriendo adonde él se encontraba y me sirvió un trozo de hielo con un poco de agua.

¡Vaya momento! Los dos, sentados uno junto al otro, viendo las pequeñas tiendas de campaña que servían como habitación para los pacientes mientras disfrutábamos de un pequeño vaso de agua fría.

El recuerdo de Baptiste vino rápidamente a mi mente mientras mis amigos seguían llegando a la reunión y un mesero del restaurante traía una cubeta repleta de hielo, pero no solo tenían eso, sino que además había cerveza, agua y refrescos.

Uno de mis amigos tomó un vaso, colocó algunos hielos, lo llenó completamente de agua, apenas le dio un sorbo y sin siquiera prestar atención tiró el resto a un jardín del restaurant en el que nos encontrábamos.

Al principio sentí pena, una sensación de hormigueo que navegaba en mi estómago comenzó a subir hacia mi pecho, sentí que me faltaba un poco el aire, rápidamente entendí que lo que sentía no era pena sino ira.

Pensé en reclamar a mi amigo por su acto tan desconsiderado. Volteé mi mirada hacia los hielos que yacían sobre el césped, pensé por un momento en recogerlos, hacer que mi amigo se disculpara. Sentí vergüenza con Danielle, Nadege, Ramón, César, la niña Lovely, Baptiste y con todos los demás seres humanos que estuvieron presentes en aquella tragedia. En mi mente pedía disculpas por estar cerca de aquel acto tan irresponsable, pero por otro me sentía avergonzado de estar enojado con mi amigo.

Afortunadamente logré controlarme a tiempo, hice uso de mis habilidades de inteligencia emocional y de las charlas con mi psicólogo en terapia para filtrar las emociones negativas que me abordaban («Mi amigo no sabe, no puede entenderlo: el hielo y el agua siempre han estado presentes en su vida, vive en un contexto en el cual esos aspectos del bienestar——el agua limpia——se encuentra siempre disponible,» pensé).

Cada país e incluso cada zona geográfica enfrenta un triángulo diferente del bienestar social: los mismos elementos son considerados en cada uno de ellos, pero no todos se encuentran presentes. Por ello digo en mis conferencias que aquella frase que dice «todos estamos en el mismo barco» debería ser cambiada a «todos estamos en la misma tormenta»: algunos vamos en un crucero con todas las comodidades, otros en un yate privado, algunos más en una pequeña embarcación y otros apenas cuentan con un pequeño salvavidas mientras luchan por mantenerse a flote. No estamos en el mismo barco, pero atravesamos la misma tormenta.

Los gobiernos consideran que el bienestar social es una condición lograda, la cual se expresa en diversos aspectos de la vida del ser humano a través de los siguientes niveles:

- Salud,

- Educación,

- Vivienda,

- Bienes de consumo,

- Desarrollo urbano,

- Seguridad,

- Medio ambiente.

Con una lista así, es sencillo entender por qué mi amigo mexicano no consideraba los hielos y el agua limpia como un bien fundamental: sus condiciones de bienestar en el país mexicano eran completamente distintas a las de Haití.

En gran medida, estos aspectos NO dependen del ser humano promedio, ya que se requiere de mecanismos externos o grupales para que se desarrollen, implementen y mejoren. Un político puede promover la seguridad, pero depende del estado y la comunidad trabajando en conjunto que la seguridad mejore. Depende de todos, ¡pero no de uno solo! (Parece frase de campaña política).

Es importante echar un vistazo a como se encuentran estos elementos en tu ciudad.

¿Cómo se encuentra cada uno de estos elementos en tu ciudad actual?

• Califica la salud: _____ % (Facilidad de acceso a los servicios básicos para promover, mantener y cuidar de la salud de los ciudadanos).

Para que te hagas una idea, la *Health Consumer Powerhouse* publica periódicamente un estudio sobre los sistemas de salud de toda Europa: el llamado *Health Consumer Index* 2018 (Professor *Arne Björnberg*, 2018). Aquí se clasifica a 35 países de acuerdo con la calidad de sus sistemas sanitarios en base a 46 indicadores. Aquí los países mejor valorados:

1. Suiza

2. Países Bajos

3. Noruega

4. Dinamarca

5. Bélgica

6. Finlandia

7. Luxemburgo

8. Suecia

9. Austria

10. Islandia

> Utiliza una escala porcentual del 0% al 100% para evaluar cada elemento que contenga un símbolo de % (porcentaje al final de un espacio en blanco)

**Califica la Educación: _____ % (Facilidad de acceso a la educación básica, media y superior).**

En este tema, la prueba PISA es la reina, un programa para la evaluación internacional de los alumnos creado por la OCDE. Esta prueba evalúa la competencia lectora, matemática y científica de los alumnos de 15 años (OCDE, Organización para la Cooperación y el Desarrollo Económicos, París., 2019).

Si desearas vivir en los países con los mejores sistemas educativos tendrías que mudarte a China, Singapur, Estonia, Finlandia o Japón. Pero antes de que comiences a empacar tus maletas, te invito a que sigas leyendo, pronto te darás cuenta de que no hay lugar perfecto.

**Califica la accesibilidad a la vivienda: _____ % (Facilidad de acceso a la vivienda digna a un costo accesible).**

En este tema hay mucha tela de donde cortar. Demographia International Housing Affordability califica la asequibilidad de viviendas de ingresos medios en 92 mercados inmobiliarios importantes en ocho países: Australia, Canadá, China, Irlanda, Nueva Zelanda, Singapur, el Reino Unido y los Estados Unidos (Urban Reform Institute and the Frontier Centre for Public Policy, 2022).

En el estudio se explica que, sin tener en cuenta los ingresos, la asequibilidad de la vivienda no se puede evaluar con ningún significado real para los compradores potenciales. La asequibilidad de la vivienda es el precio de la vivienda en relación con los ingresos. ¿Qué tan asequible es la vivienda? ¡Averigüemos!

El shock de la demanda pandémica: Ha habido un deterioro sin precedentes en la asequibilidad de la vivienda durante la pandemia. El número de mercados severamente inasequibles aumentó un 60 % en 2021 en comparación con 2019, el último año anterior a la pandemia de COVID-19. A nivel nacional, el número de mercados severamente inasequibles aumentó en 2 en Canadá, en 3 en el Reino Unido y en 14 en los Estados Unidos. ¡La vivienda es un tema pendiente en la economía global! Si estás corto en presupuesto para vivienda, no quieres ir al Commonwealth del Reino Unido: ni Australia, ni Canadá, ni Nueva Zelanda, ni Gran Bretaña. Parece que hay una tendencia, ¿la notas? Es prácticamente imposible para una persona con ingreso promedio adquirir una casa en estos países.

¿Qué tan sencillo es el acceso a la vivienda en la ciudad en la que vives?

**Califica la disponibilidad de bienes de consumo: _____ % (Facilidad de acceso a los bienes principales de consumo—alimentos, bebidas, artículos de limpieza y primera necesidad).**

En algunos países estos bienes no se encuentran disponibles, como Venezuela, donde los ciudadanos pueden tener el dinero para adquirir bienes, pero estos no se encuentran disponibles debido a las pobres prácticas económicas del estado.

¿Qué tan accesibles son los bienes de consumo? ¿Se puede vivir con el salario mínimo?

**Califica el desarrollo urbano: _____ % (Calidad de los servicios de iluminación, urbanización, pavimentación y servicios primarios—agua, luz, gas, teléfono e internet).**

Diseñar una ciudad no es tarea fácil, pero según un artículo publicado por Arch2o (Arch2o, 2022), cinco productos, resultado de la planificación urbana del siglo XX han alcanzado un nivel de grandeza que los distingue. Están Brasilia (Brasil), Ciudad de Singapur (Singapur), Chandigarh (India), Seúl (Corea del Sur) y Copenhague (Dinamarca). En lo personal me encanta Barcelona, pero como no soy arquitecto o diseñador de ciudades, pues mejor no opino.

Lo que tienen en común estas ciudades es su diseño bien estructurado. Brasilia, por ejemplo, sigue un plan en forma de avión en el que cada función de la ciudad (residencial, cívica, administrativa, recreativa) se asienta en un eje separado. La ciudad de Singapur adopta una regla similar, con las áreas residenciales ubicadas en cuatro puntos cardinales. La estructura de Chandigarh, por su parte, imita la forma de un ser humano con el capital a la cabeza, el centro comercial al centro y el centro académico y recreativo a los brazos. Seúl sigue los principios del feng-shui, y el diseño de Copenhague gira en torno a un plano de cinco dedos, con el centro como la palma de la mano y cinco dígitos saliendo de él. (Arch2o, 2022)

El diseño urbano de estas ciudades resulta en una reducción de la congestión del tráfico, un mejor transporte público y mejores rutas para caminar y andar en bicicleta. ¿Cómo está la urbanización de tu ciudad? De eso dependerá la calificación que otorgues en este segmento.

**Califica la seguridad: _____ % (Percepción de legalidad y respeto a las leyes actuales, la seguridad propia y de los bienes).**

El informe se basa en la tercera iteración del índice, que clasifica a 60 ciudades según 57 indicadores que cubren la seguridad digital, la seguridad de la salud, la seguridad de la infraestructura y la seguridad personal.

Tokio ocupa el primer lugar en general, y las ciudades de Asia-Pacífico ocupan seis de los diez primeros, pero la región geográfica no tiene un vínculo estadístico con los resultados. Otras ciudades entre las diez primeras son Singapur (2°), Osaka (3°), Sídney (5°), Seúl (8° empatado) y Melbourne (10°). Dos ciudades europeas se encuentran en este grupo, Ámsterdam (4ª) y Copenhague (empatada en la 8ª), mientras que dos de América lo completan, Toronto (6ª) y Washington, DC (7ª), (Safe Cities Index 2019, 2019). Tal vez Canadá tenga casas costosas, ¡pero el entorno es muy seguro!

¿Qué tan seguro te sientes en tu ciudad? ¿Vives con «el alma en un hilo»? ¿Te sientes confiado y seguro de obtener lo que deseas?

**Califica la calidad del medio ambiente: _____ % (Percepción de cuidad y respeto al medio ambiente. Respeto a recursos y programas de reciclaje).**

El 14 de junio de 2022, Arcadis publicó la quinta edición de su informe de larga data, el Arcadis Sustainable Cities Index 2022 (ARCADIS, 2022). El informe demuestra que en un mundo que enfrenta una serie de desafíos como el cambio climático, la urbanización y la disminución de los recursos, para ser verdaderamente prósperos, las ciudades necesidad de buscar la sostenibilidad. El Arcadis Sustainable Cities Index 2022 examina 100 ciudades globales y adopta una visión holística de la sostenibilidad para resaltar los desafíos cambiantes que enfrentan las ciudades.

Las 10 ciudades principales en el Índice de Ciudades Sostenibles de Arcadis 2022 son:

1. Oslo

2. Estocolmo

3. Tokio

4. Copenhague

5. Berlín

6. Londres

7. Seattle

8. París

9. San Francisco

10. Ámsterdam

Este índice mide tres pilares. El pilar planeta evalúa la calidad del entorno natural de una ciudad; las ciudades europeas acaparan este pilar del Planeta: con la excepción de Tokio, Montreal, Los Ángeles y Bogotá, todo el top 20 está compuesto de ciudades en Europa. El pilar personas mide la calidad de la infraestructura social en una ciudad; Europa es el claro líder en este pilar, con ciudades de Europa Occidental ocupando 15 de los 20 primeros lugares; Seúl, Singapur y Tokio todos clasifican en el top 10. El pilar utilidad/ganancia mide la calidad de la economía en una ciudad; las ciudades de EEUU son, por mucho, las que mejor se desempeñan en este pilar, aunque la mayoría de estas ciudades tienen puntuaciones relativamente bajas en los pilares planeta y gente. Si deseas ver el reporte completo puedes acudir a la página de Arcadis. (ARCADIS, 2022)

¿Ya decidiste a dónde tendrás que mudarte? ¡Es broma! **No hay ciudad perfecta**, mira que te lo dice un mexicano que estudio en Estados Unidos y vive en Canadá. En gran medida estos elementos del bienestar son altamente dinámicos también. Por ejemplo, países que anteriormente tenían una excelente seguridad pueden sufrir repentinas revueltas que los vuelvan altamente inseguros.

Conocer cuál es el estado del bienestar social en tu ciudad te permitirá tener una mejor percepción de las razones por las que tienes o no acceso al bienestar en tu vida, sin embargo, recuerda, se puede ser feliz en cualquier lugar, y si bien en algunos lugares será más difícil, no es imposible. Además, no existe un solo lugar en el cual coincidan todos los elementos que el gobierno y la comunidad deben ofrecer para el bienestar social. También podemos notar que estos elementos en su mayoría no dependen directamente de un ciudadano, sino del trabajo de todos los ciudadanos en conjunto.

### Triángulo del bienestar social lado «B» – la empresa

En fechas más recientes las organizaciones han venido trabajando en incrementar el bienestar para sus colaboradores. En el Instituto canadiense Emotional Paycheck (Instituto Canadiense de Salario Emocional) contamos con una medición psicológica que nos permite entender cuál es el estado actual del bienestar de una empresa y medir con precisión si cuentan con los elementos necesarios para generar bienestar y un buen salario emocional. En esta herramienta llamada Tarrix®, se considera existen 9 elementos que la empresa necesita brindar para facilitar el bienestar de sus colaboradores.

Los elementos del salario emocional son:

1. Herramientas y equipos: contar con el equipo necesario para realizar las tareas que se nos asignan.

2. Expectativas de futuro: contar con una expectativa de crecimiento

y un plan de acción con metas realistas para desarrollarnos profesionalmente en la empresa.

3. Salario económico: recibir una compensación económica competitiva por el trabajo que realizamos y la responsabilidades que tenemos dentro de la empresa.

4. Ciclo de vida del colaborador: ser reconocido por la empresa en las distintas etapas que el colaborador vive desde su contratación hasta la desvinculación.

5. Balance vida y trabajo: el balance que el colaborador puede disfrutar entre la vida personal y la vida laboral, permitiendo los espacios de descanso y esparcimiento.

6. Cultura organizacional: habitar un ambiente agradable y con relaciones positivas que permita al colaborador vivir sus valores y ejercer sus competencias mientras aporta al éxito de la organización.

7. Crecimiento personal: disfrutar de un crecimiento a nivel personal que permita al colaborador desarrollar otras habilidades y competencias que le permitan mejorar como persona.

8. Reto-aprendizaje: encontrar retos lo suficientemente motivantes y realistas que mantengan interesado al colaborador en la realización de su trabajo.

9. Relación con el jefe inmediato: este es tan importante que le hemos dedicado su propio lado del triángulo... Lo veremos más adelante.

Cada uno de estos elementos debe encontrarse presente en la organización, y debe ser promovido eficientemente para facilitar el bienestar del colaborador a nivel profesional.

Cómo podemos observar, en este triángulo del bienestar social tenemos poca injerencia. Se trata del triángulo de la sociedad en general y las grandes corporaciones, que son quienes deben accionar para generar los elementos necesarios para gozar del bienestar. Sin embargo, no todo está perdido: existe otro triángulo que a pesar de ser más pequeño, resulta muy interesante, lo analizaremos a continuación, el triángulo del bienestar laboral.

## Triángulo del bienestar laboral

En este triángulo, mucho más pequeño que el triángulo del bienestar social, debido a que no comprende el país entero, ni la ciudad, sino que comprende solamente a la empresa en la que laboras y tu relación con ella, en este triángulo podemos encontrar los elementos que la empresa aporta (o debería aportar) para el bienestar del colaborador, así como las habilidades que necesita el jefe inmediato para promover el bienestar del empleado, y por último al colaborador mismo ejecutando su bienestar dentro del mundo laboral.

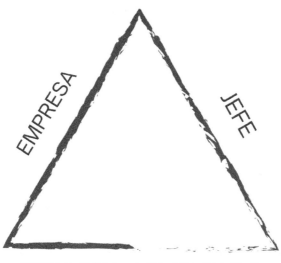

## Triángulo de bienestar laboral

**Triángulo del bienestar laboral lado «A» – La empresa**

En este lado del triángulo hemos de colocar ocho de los nueve elementos del bienestar que describimos en el triángulo anterior, ya que ellos representan el aporte que la empresa hace para el bienestar de las personas. De hecho, el último elemento, la relación con el jefe inmediato, es tan importante para el bienestar de las personas que termina por ocupar todo un lado del triángulo laboral.

Si deseas conocer con exactitud cuál es el nivel de bienestar que ofrece la organización en la que trabajas, utiliza la prueba Tarrix*, la primera que mide el salario emocional en una organización. (puedes solicitar una muestra gratuita en www.emotionalpaycheck.com)

**Triángulo del bienestar laboral lado «B» – El jefe inmediato**

Como lo hemos venido comentando desde el inicio de este libro, la relación con el jefe inmediato juega un rol fundamental para el bienestar de las personas, ya que una mala relación con este puede provocar desde unos altos niveles de estrés hasta un desbalance entre la vida personal y la vida profesional, por mencionar algunos de sus efectos en la vida del trabajador.

- ¿Cómo saber si tienes un buen jefe? Aquí te dejo algunas preguntas para que lo evalúes:

- ¿Está dispuesto a probar cosas nuevas?

- ¿Te trata a ti y a tus compañeros como seres humanos que tienen también otras prioridades además del trabajo?

- ¿Muestra tener favoritos dentro del entorno laboral?

- ¿Es un buen mediador en casos de conflicto? ¿Consideras que puedes hablar con tu jefe sobre los problemas que enfrentas en el trabajo?

- ¿Sostienes al menos una reunión cada seis meses en la que se habla de tu crecimiento personal y profesional? ¿Confías en que tu jefe trabaja por tu crecimiento profesional?

- ¿Acepta recomendaciones con respecto a los problemas que enfrentan en la organización?

- ¿Tiene buen sentido del humor?

- ¿Se preocupa genuinamente por tus objetivos?

- ¿Te ofrece la desconexión digital durante tus días de descanso?

Si la respuesta es favorable a todas estas interrogantes, tienes un gran jefe. Si la respuesta es negativa, tienes trabajo co tu jefe, pero aún hay algo que hacer, ¡sigue leyendo!

Sin duda alguna, **el jefe inmediato es uno de los elementos determinantes para tu bienestar**, ya que se convierte en el portavoz de las prestaciones y beneficios de la organización. Me encanta trabajar capacitando a mandos medios en las empresas debido a que es ahí donde se realizan los cambios, donde se forja la cultura, donde se vive plenamente el ambiente de la organización.

¿Cómo es tu relación con tu jefe inmediato? ¿Consideras que tienes un buen jefe que facilita tu bienestar? Pues bien, es momento de abordar el último de los triángulos, el triángulo del bienestar personal.

*Tu copia original de este libro te permite el acceso a la prueba psicológica que mide el bienestar que puede ofrecerte una empresa. Solo tienes que ingresar a www.emotionalpa ycheck.com/tarrix e ingresar el código WGSOP y obtendrás tus resultados de forma automática en tu correo electrónico.

### Triangulo de bienestar personal

Este es el más pequeño de los triángulos del bienestar y es un poco especial debido a que nos permite realizar un balance de prioridades (o decidir por una prioridad en un momento determinado) para así equilibrar los elementos más cercanos al ser humano que nos permiten el acceso al bienestar y a la felicidad.

Triángulo de bienestar personal

En uno de sus lados encontrarás el trabajo, en otro de ellos la familia y en el último la persona. ¿Cómo te ves en cada uno de estos elementos? ¿Qué tan bien logras equilibrar estas prioridades? ¿Habrá ocasiones en las que te ocupes demasiado de uno de los lados del triángulo descuidando los otros dos? ¡Revisemos!

## Triángulo de bienestar personal lado «A» – El trabajo

En este costado se encuentran todas las responsabilidades profesionales que el individuo tiene que cumplir para poder contar con el ingreso económico necesario para su familia y sus necesidades personales. Puedes evaluar este costado apoyándote en la calificación que hayas otorgado al mismo costado de los otros dos triángulos (Gobierno y Empresa).

## Triángulo de bienestar personal lado «B» – La familia

En este costado encontraremos las responsabilidades personales que el individuo tiene con amigos y familiares, así como el tiempo que invierte en actividades de tipo social.

¿Cuánto tiempo inviertes en las personas que amas? ¿Disfrutas de un buen balance entre la vida laboral y la vida personal? ¿Hace cuánto que no tienes tiempo libre para usar con aquellas personas más cercanas a ti? Este es un buen momento para analizarlo.

## Triángulo de bienestar personal lado «C» – La persona

Seguramente habrás notado que en los triángulos anteriores omitíamos el lado «C» del triángulo. Esto se debe a que es la misma persona la que interactúa en los tres triángulos, y es ahora cuando analizaremos cuáles son sus necesidades y cómo se encuentran en este momento.

Para poder medir el bienestar en este lado del triángulo utilizarás las calificaciones otorgadas a la percepción subjetiva del bienestar en las seis categorías que mencionamos en el capítulo anterior.

1. Categoría social: ¿cómo evalúas la cantidad de amor que recibes por parte de las personas más cercanas a ti?

2. Categoría comunitaria: ¿cómo evalúas la calidad de las relaciones interpersonales que llevas con amigos y familiares?

3. Categoría de carrera: ¿cómo evalúas el uso de tus habilidades profesionales en el trabajo que realizas actualmente?

4. Categoría financiera: ¿cómo evalúas la calidad de tus finanzas?

5. Categoría de salud: ¿cómo evalúas tu salud física y emocional?

6. Categoría espiritual: ¿cómo evalúas el contacto con tu espiritualidad?

En base a esta evaluación podrás determinar cuál es la calificación que otorgarás a este tan importante costado del triángulo, el cual, por supuesto, se encuentra en la base de los otros dos triángulos del bienestar, ya que es la razón principal por la cual medimos el bienestar: la persona. ¿Cómo evaluarlo? Existen dos formas: Hacerlo mentalmente y siguiendo nuestra intuición o utilizar una herramienta especializada como Tarrix®

¡Sigue adelante que ya estamos por encender la fogata!

La fogata del bienestar se encuentra disponible siempre y cuando se tengan los elementos para encenderla, y, a pesar de que algunas veces sea difícil aceptarlo, **hay situaciones en las cuales simplemente no se encuentran disponibles y tendremos que viajar a buscarlos.**

# 9

# Las condiciones de tu fogata

En esta sección tendrás acceso a una serie de preguntas que te permitirán plasmar las siguientes acciones a realizar para poder encender tu fogata del bienestar.

Cómo podemos darnos cuenta, hemos realizado un viaje a través de todo aquello que depende y aquello que no depende directamente de ti. Este es un paso fundamental para lograr tener acceso al bienestar del individuo, pues muchas veces nos perdemos preocupándonos por aquello de lo que no tenemos control y desperdiciamos un valioso tiempo que podríamos utilizar en mejorar aquello que sí podemos controlar.

Con el conocimiento que tienes ahora puedes asegurarte de tener estos seis elementos presentes en tu vida, y determinar incluso si es necesario trabajar en mejorar alguno de los elementos que se encuentran en triángulos más grandes (el laboral o el social). Por ejemplo, si después de analizar tus posibilidades para encender la fogata del bienestar descubres que no cuentas con los elementos necesarios en el triángulo del bienestar laboral, tal vez sea momento de comenzar a buscar un nuevo empleo. Por otro lado, algunas personas podrían descubrir que se encuentran en una comunidad en la que simplemente los elementos del triángulo del bienestar social no se encuentran disponibles, llevándoles a pensar en emigrar a otros entornos de mayor beneficio.

En el año 2010 fui secuestrado y perdí toda confianza en lo que el gobierno podría hacer para proveerme de la seguridad que requería. Sin darme cuenta, en aquel entonces entendí que el triángulo del bienestar social, específicamente el lado del gobierno, no podría ser mejorado para mí, así que decidí emigrar a otro país, con otro gobierno que ofreciera mejores condiciones para mi bienestar en el triángulo social. Algunos de mis amigos y familiares siguen viviendo en la misma ciudad y tienen vidas con mucho bienestar y felicidad; una vez más, la medición de estos triángulos es completamente individual. ¡Cada quién tiene sus triángulos!

Grandes decisiones pueden ser tomadas con mucha mayor claridad cuando somos conscientes de cuáles son los elementos que nos hacen falta y podemos determinar si aquellos elementos que necesitamos para encender la fogata del bienestar dependen de nosotros o no.

¿Será necesario emigrar a otro país? ¿Tendremos que cambiar de trabajo? ¿Trabajaremos en la promoción de cierta ley? ¿Adquiriremos herramientas para incrementar las posibilidades del bienestar? ¿Tenemos lo que requerimos para ser feliz? Son algunas de las preguntas que estoy seguro de que ahora puedes responder con mucha mayor claridad.

La fogata del bienestar se encuentra disponible siempre y cuando se tengan los elementos para encenderla, y, a pesar de que algunas veces sea difícil aceptarlo, hay situaciones en las cuales simplemente no se encuentran disponibles y tendremos que viajar a buscarlos.

Para obtener el máximo beneficio de este libro te sugiero el siguiente ejercicio:

Utiliza el siguiente gráfico para realizar una evaluación subjetiva del estado en el que se encuentra cada uno de los triángulos del bienestar. Puedes utilizar un porcentaje al estilo escolar (0% a 100%) o bien puedes utilizar una escala de «Likert» del 1 al 5, donde 1 es pésimo y 5 es excelente. ¡Tú decides!

Califica cada uno de los triángulos en el orden sugerido (social, laboral y personal):

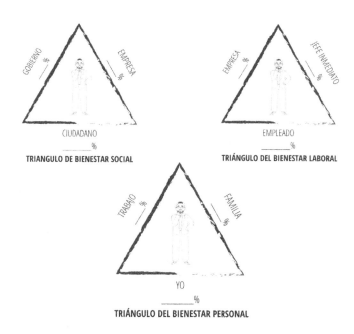

Una vez que has calificado cada uno de los lados de los triángulos del bienestar social, laboral y personal, es momento de hacer un análisis. Para ello, he preparado un procedimiento que puede serte de utilidad:

1. Identifica cuál es el triángulo que cuenta con las mayores ventajas. (identifica tus calificaciones más altas)

2. Identifica cuál es el triángulo que cuenta con las mayores áreas de oportunidad. (identifica tus calificaciones más bajas)

3. Define cuánto control tienes sobre las áreas de oportunidad.

(¿Depende de ti aumentar esas calificaciones?)

4. Identifica las ventajas que cada triángulo presenta. (¿En que te ayuda tener esas calificaciones?)

5. Define cómo puedes beneficiarte de las fortalezas de cada triángulo. (¿Cómo puedes aprovechar esas áreas que están altamente calificadas?)

¿Qué hacer ahora? Lo primero es tener consciencia, saber en donde «estamos parados» y a partir de aquí generar una estrategia, asegurando que estamos claros en aquellas cosas que dependen de nosotros y aquellas que no.

¿Por cuál triángulo comenzar?, por el triángulo de bienestar personal, definitivamente, es en el que tienes mayor control y es en el que puedes generar la mayor cantidad de mejora. En el próximo capítulo aprenderemos como «atizar las brasas» de esa fogata que arde y haremos que arda bonita. ¡Sigue leyendo!

Atiza las llamas de tu
fogata del bienestar,
arropa el fuego,
cúbrelo y aliméntalo,
de lo contrario, **puras
cenizas tendrás.**

10

# Atizando las brasas

Es momento de transcribir aquellas calificaciones que otorgaste a tus categorías del bienestar, para facilitar el siguiente ejercicio, he colocado nuevamente el gráfico aquí:

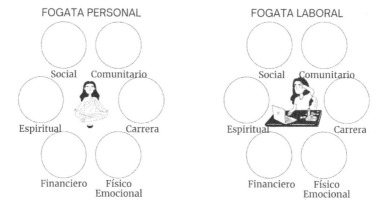

Coloca la calificación de cada una de las categorías de la percepción subjetiva del bienestar utilizando una escala de «likert» donde 1 es muy malo, 2 es malo, 3 es promedio, 4 es muy bueno, 5 es excelente.

**Fogata personal**

Una vez calificadas, analiza:

1. ¿Cuál categoría tiene la mayor calificación?

2. ¿Cuál es la que tiene la menor calificacióón?

3. Identifica cuál es la categoría de la percepción subjetiva del bienestar que requieres trabajar.

4. Piensa en al menos dos estrategias para mejorar esa categoría.

5. Revisa tus avances en un plazo no mayor a seis meses.

## Fogata laboral

Califica cada una de las categorías de la percepción subjetiva del bienestar utilizando una escala de «likert» donde 1 es muy malo, 2 es malo, 3 es promedio, 4 es muy bueno, 5 es excelente.

Una vez calificadas, analiza:

1. ¿Cuál categoría tiene la mayor calificación?

2. ¿Cuál es la que tiene la menor calificacióón?

3. Identifica cuál es la categoría de la percepción subjetiva del bienestar que requieres trabajar.

4. Piensa en al menos dos estrategias para mejorar esa categoría.

5. Revisa tus avances en un plazo no mayor a seis meses.

Las ideas no mejoran tu bienestar, las  acciones sí. **¡Asegúrate de implementar acciones para mejorar el bienestar en tu vida!**

# 11

# Ideas para avivar la llama

## DE TU FOGATA DEL BIENESTAR

Después de haber evaluado las condiciones en las que se encuentran tus categorías de la percepción subjetiva del bienestar (tu fogata del bienestar) es momento de poner manos a la obra y cómo me gusta ofrecer el «cómo», aquí te comparto algunas ideas para mejorar en cada categoría:

## Ideas para mejorar la categoría PSB social

1. Comunicarse de manera clara y directa sobre lo que se espera y necesita en una relación.

2. Escuchar activamente y mostrar interés en los demás.

3. Demostrar gratitud y agradecimiento por las acciones de los demás.

4. Hacer cumplidos y mostrar elogios a los demás.

5. Pasar tiempo de calidad con amigos, familiares y seres queridos.

6. Participar en actividades conjuntas y cultivar el compromiso y el apoyo mutuo.

7. Ser servicial y ayudar a los demás cuando sea necesario.

8. Demostrar responsabilidad y confiabilidad en el entorno laboral.

9. Practicar la empatía y ponerse en los zapatos de los demás.

10. Cultivar una actitud positiva y una buena energía en el entorno personal y laboral.

11. Mostrar interés en las actividades, pasatiempos y intereses de los demás.

12. Aceptar y aprender de la retroalimentación constructiva.

13. Disculparse y hacer las paces cuando sea necesario.

14. Ayudar a los demás a alcanzar sus metas y objetivos.

15. Ser un buen amigo o compañero en el entorno laboral y personal.

16. Fomentar un ambiente de confianza y seguridad.

17. Ser auténtico y honesto en las relaciones.

18. Mostrar respeto hacia los demás, incluso en las diferencias de opinión.

19. Apreciar las diferencias culturales y enriquecerse de ellas.

20. Celebrar los logros y las victorias de los demás.

# Ideas para mejorar la categoría PSB comunitario

1. Participar en actividades grupales, como deportes, clubes, organizaciones, etc.

2. Unirse a grupos de interés o pasatiempos compartidos.

3. Asistir a eventos sociales o de networking.

4. Formar parte de un grupo de discusión o estudio.

5. Hacer voluntariado o participar en proyectos comunitarios.

6. Participar en programas de mentoring o tutoría.

7. Tomar cursos o talleres para aprender habilidades nuevas y conectarse con otros estudiantes.

8. Buscar oportunidades de colaboración en el entorno laboral.

9. Asistir a conferencias, ferias, eventos profesionales.

10. Unirse a asociaciones profesionales o grupos de trabajo.

11. Conectarse con antiguos compañeros de clase o colegas.

12. Pedir a amigos o conocidos que les presenten a otras personas en su red.

13. Asistir a eventos culturales o religiosos.

14. Iniciar un club o un grupo en tu comunidad.

15. Participar en eventos políticos o comunitarios.

16. Unirse a un grupo de apoyo.

17. Asistir a fiestas o eventos de vecinos

18. Formar un grupo de discusión o de lectura.

19. Participar en grupos de discusión en línea o en las redes sociales

20. Aceptar oportunidades de viajar o trabajar con personas de diferentes culturas.

21. Solicitar a tu jefe que te reubique a otro departamento para conectar con más personas.

22. Ofrecer tu ayuda a otros departamentos.

23. Asistir a reuniones de otras áreas de la empresa y así conectar con otras personas.

**Tengo objetivos claros y sé que voy a lograrlos.**

# Ideas para mejorar la categoría PSB de carrera

1. Tomar cursos o talleres para aprender nuevas habilidades y conocimientos relacionados con tu profesión.

2. Leer libros o artículos de revistas en tu área de especialización para mantenerte actualizado.

3. Participar en conferencias, ferias profesionales, eventos de networking.

4. Unirse a asociaciones profesionales o grupos de trabajo en tu área de interés.

5. Participar en proyectos internos o externos para adquirir experiencia en diferentes áreas.

6. Pedir un mentor o un coach para que te ayuden a desarrollar tus habilidades y alcanzar tus metas profesionales.

7. Buscar oportunidades para liderar proyectos o equipos en tu entorno laboral.

8. Tomar iniciativa y proponer nuevas ideas en tu lugar de trabajo.

9. Hacer voluntariado o trabajo comunitario para adquirir habilidades en áreas relacionadas.

10. Participar en intercambios profesionales o programas de intercambio en el extranjero.

11. Hacer uso de herramientas y recursos digitales para mejorar tus habilidades en áreas específicas.

12. Aprovechar oportunidades para trabajar en una variedad de proyectos y con diferentes equipos.

13. Establecer metas claras y trabajar para alcanzarlas.

14. Buscar retroalimentación regular y trabajar para mejorar áreas específicas.

15. Aceptar nuevos desafíos y oportunidades para salir de la zona de confort.

16. Aprender un nuevo idioma, especialmente si tu trabajo implica comunicarte con personas de diferentes países o culturas.

17. Utilizar las redes sociales profesionales para conectarse con otros en tu campo y estar al tanto de las tendencias y noticias.

18. Participar en proyectos de investigación o desarrollo en tu campo

para adquirir experiencia avanzada.

19. Buscar oportunidades para dar charlas, presentaciones o enseñar a otros en tu campo.

20. Reflexionar y evaluar regularmente tus metas y objetivos profesionales y hacer ajustes si es necesario.

21. Realizar un plan de vida y carrera en coordinación con tu jefe inmediato

22. Solicitar capacitación a tu supervisor

23. Verificar que cuentas con las competencias requeridas para el puesto inmediato superior al que ocupas actualmente.

## Ideas para mejorar la categoría PSB físico emocional

1. Establecer una rutina de ejercicio regular, como caminar, correr, nadar o practicar algún deporte.

2. Establecer una dieta saludable y equilibrada que incluya una

variedad de frutas, verduras, proteínas y carbohidratos complejos.

3. Asegurar un consumo adecuado de agua diariamente

4. Practicar la meditación, la relajación o la respiración profunda para reducir el estrés.

5. Establecer un horario de sueño regular y tratar de obtener al menos 7-8 horas de sueño por noche.

6. Aprender y practicar técnicas de manejo del estrés, como la relajación progresiva.

7. Aprender a decir "no" cuando sea necesario para cuidar de uno mismo.

8. Fomentar una actitud positiva y ver el vaso medio lleno en lugar de medio vacío.

9. Practicar la gratitud y expresar agradecimiento por las bendiciones de la vida.

10. Cultivar relaciones significativas con amigos, familiares y seres queridos.

11. Hacer una lista de cosas para hacer para distraerse y disfrutar

12. Establecer metas realistas y trabajar para alcanzarlas.

13. Practicar la auto-compasión y tratarse a uno mismo con amabilidad y comprensión.

14. Establecer límites saludables en las relaciones y en el trabajo

15. Hacer tiempo para pasatiempos y actividades que disfrutes

16. Buscar apoyo si te sientes abrumado o estresado.

17. Establecer un equilibrio entre el trabajo y la vida personal.

18. Aprender a identificar y expresar tus emociones de manera saludable

19. Buscar ayuda si tienes problemas de salud mental o física

20. Practicar la auto-reflexión y la auto-evaluación regular para evaluar tu bienestar físico y emocional

Además de estas grandiosas ideas para mejorar la categoría PSB físico emocional, te sugerimos realizar los siguientes ejercicios. (Consulta a tu médico y solamente realiza los ejercicios que te resulten cómodos)

Mejora tu bienestar con estos ejercicios para quienes trabajan mucho tiempo frente a un computador. (realizar al menos dos veces al día)

## Set 1

Estira tu brazo          Realiza un          Estira tu espalda
                        estiramiento

Cuida ambos lados    Estira tu antebrazo    Toca tus manos
                                              por detrás

*Primer set de ejercicios para quienes trabajan mucho tiempo sentados.*
*(consulta a tu médico previo a realizarlos)*

## Set 2

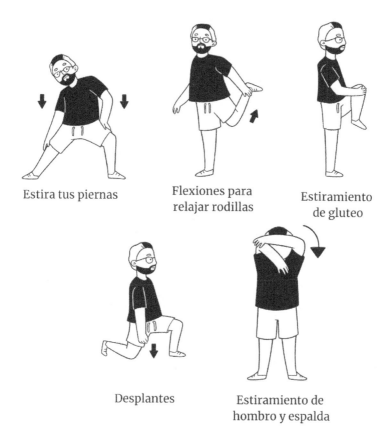

Estira tus piernas

Flexiones para
relajar rodillas

Estiramiento
de gluteo

Desplantes

Estiramiento de
hombro y espalda

*Segundo set para personas que trabajan mucho tiempo sentadas*

## Ideas para mejorar la categoría PSB financiero

1. Establecer metas financieras a corto y largo plazo y trabajar para alcanzarlas.

2. Crear un presupuesto y seguirlo rigurosamente para controlar los gastos.

3. Ahorrar un porcentaje fijo de cada ingreso para el futuro.

4. Reducir los gastos innecesarios, como cancelar suscripciones, servicios o compras impulsivas.

5. Buscar oportunidades para ganar dinero adicional, como trabajos freelance o segundos trabajos.

6. Buscar descuentos, cupones y ofertas antes de hacer compras.

7. Negociar los precios de los bienes y servicios que compras.

8. Evitar compras a plazos o en cuotas, ya que suelen tener intereses elevados.

9. Utilizar la tecnología, como aplicaciones financieras, para ayudar a administrar tus ingresos y gastos.

10. Utilizar las tarjetas de crédito con responsabilidad y pagar las facturas a tiempo.

11. Establecer un fondo de emergencia para cubrir gastos inesperados.

12. Planificar para la jubilación temprano.

13. Invertir en un portafolio diversificado de inversiones, como acciones, bonos y propiedades.

14. Aprender sobre finanzas personales y tomar decisiones informadas.

15. Buscar ayuda financiera profesional si se siente abrumado por las deudas o problemas financieros.

16. Aprender a negociar y buscar oportunidades de negocio

17. Vivir por debajo de tus medios.

18. Buscar maneras de reducir los costos de vida, como cocinar en casa, usar transporte público, etc.

19. Aprovechar las deducciones fiscales y créditos disponibles para ti

20. Utilizar herramientas y recursos digitales para ayudar a admin-

istrar tu salud financiera, como el seguimiento de gastos, presupuesto, ahorros, etc.

Estoy en paz emocional y espiritualmente.

## Ideas para mejorar la categoría PSB espiritual

1. Practicar la meditación diariamente para mejorar la conciencia y la claridad mental.

2. Practicar la gratitud y expresar agradecimiento por las bendiciones de la vida.

3. Leer y estudiar textos espirituales o sagrados de acuerdo a tus creencias religiosas.

4. Hacer voluntariado o ayudar a los demás en necesidad como forma de servir a algo más grande que uno mismo.

5. Establecer metas y trabajar para alcanzarlas, tanto a nivel personal como espiritual.

6.

Aprender y practicar técnicas de mindfulness, como la atención plena y la observación de la respiración.

7. Practicar la auto-reflexión y la introspección para comprender mejor uno mismo y su papel en el mundo.

8. Conectarse con la naturaleza y disfrutar de actividades al aire libre.

9. Aprender y practicar técnicas de relajación para reducir el estrés y mejorar la paz mental.

10. Participar en ceremonias o ritos sagrados de acuerdo a tus creencias religiosas

11. Aprender y practicar el perdón, la auto-compasión y la bondad.

12. Asistir a servicios religiosos o espirituales.

13. Aprender a encontrar significado y propósito en la vida a través de la espiritualidad.

14. Conectarse con su comunidad espiritual o religiosa.

15. Aprender y practicar técnicas de visualización y afirmaciones positivas para mejorar la actitud y la perspectiva.

16. Cultivar la humildad y el servicio a los demás.

17. Aprender y practicar técnicas de perdón y resolución de conflictos para mejorar las relaciones.

18. Aprender y practicar técnicas de yoga o tai-chi para mejorar la conciencia del cuerpo y la mente.

19. Aprender y practicar técnicas de desarrollo personal para mejorar

la conciencia y el bienestar espiritual.

20. Cultivar la bondad, la paciencia y la compasión para mejorar las relaciones con los demás y contigo mismo.

Existe evidencia científica que sugiere que **el «multitasking» no es realmente posible para el cerebro humano**. Cambiar de tareas frecuentemente, causa estrés.

# 12

# Manos a la obra

Hay una frase del expresidente de los Estados Unidos de América, Theodore Roosevelt, dice: «Haz lo que puedas, con lo que tengas, en donde estés.» ¡Me encanta!

Así, te sugiero que cuando veas tus resultados de la fogata del bienestar, mantengas tu enfoque en lo que puedes hacer, con lo que tienes, en donde estés. ¿Y qué mejor que comenzar contigo mismo? A continuación algunas ideas para que tomes control de cada una de las categorías del bienestar.

## Mantén un balance de las prioridades

Existe el concepto de «multitasking» (Multi-tareas), que se refiere a la capacidad de realizar varias tareas simultáneamente, muchas personas incluso presumen ser «multitaskers». Sin embargo, **hay evidencia científica que sugiere que el multitasking no es realmente posible para el cerebro humano.** En lugar de realizar varias tareas simultáneamente, el cerebro en realidad alterna rápidamente entre diferentes tareas, lo que se conoce como "cambio de tareas" y resulta especialmente estresante para el cerebro.

Este cambio constante de tareas puede tener un impacto negativo en la productividad y el rendimiento, ya que el cerebro necesita tiempo para enfocarse y volver a enfocarse en cada tarea. Además, el multitasking puede aumentar el nivel de estrés y la fatiga mental. Por tanto, es recomendable reducir las multitareas y enfocarse en una sola prioridad en cada momento, por ello, el primer ejercicio que te sugiero es encontrar el balance de prioridades en tu triángulo del bienestar personal:

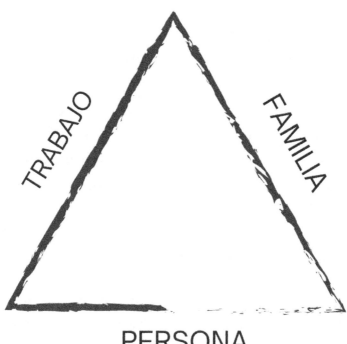

**Triángulo de bienestar personal**

En el triángulo del bienestar que se encuentra aquí arriba, coloca una marca en donde tú te sientes actualmente. ¿Estás dando más prioridad a tu familia? ¿Estás abusando de la atención a tu trabajo? ¿Solo te preocupas por tu persona?, coloca una marca en el lugar que tu percibes que te encuentras.

Si te es posible, puedes conversar esto con un ser querido y cercano a ti, puede ayudarte a tener otra perspectiva acerca del balance que tienes. Una vez que has colocado esa marca y determinado con ello el balance que tienes actualmente en tus prioridades del triángulo del bienestar personal, es momento de abordar las siguientes preguntas:

¿Cómo te sientes?, ¿Consideras que es el balance adecuado? Si la respuesta es no, ¿Qué deberás hacer para recuperar el balance?

Escribe aquí tus reflexiones:

## Categorías del bienestar

Ahora es momento de abordar las categorías del bienestar y tomar control sobre lo que SI podemos hacer en cada una de ellas.

1.- Toma el listado de ideas para mejorar las categorías de la percepción subjetiva del bienestar compartida en páginas anteriores.

2.- Selecciona aquellas que puedan servirte

3.- plasma tu plan de acción.

**Mejorando tu bienestar social:**

¿Qué piensas hacer diferente? ¿Cuál es la acción que vas a implementar? ¿Qué estás haciendo bien que debes seguir haciendo?

**Mejorando tu bienestar comunitario:**

¿Qué piensas hacer diferente? ¿Cuál es la acción que vas a implementar? ¿Qué estás haciendo bien que debes seguir haciendo?

**Mejorando tu bienestar de carrera:**

¿Qué piensas hacer diferente? ¿Cuál es la acción que vas a implementar? ¿Qué estás haciendo bien que debes seguir haciendo?

**Mejorando tu bienestar físico emocional:**

¿Qué piensas hacer diferente? ¿Cuál es la acción que vas a implementar? ¿Qué estás haciendo bien que debes seguir haciendo?

**Mejorando tu bienestar financiero:**

¿Qué piensas hacer diferente? ¿Cuál es la acción que vas a implementar? ¿Qué estás haciendo bien que debes seguir haciendo?

**Mejorando tu bienestar espiritual:**

¿Qué piensas hacer diferente? ¿Cuál es la acción que vas a implementar? ¿Qué estás haciendo bien que debes seguir haciendo?

Y si de plano no sabes por donde comenzar, aquí te dejo algunos ejercicios que te pueden ayudar a cuidarte, especialmente si trabajas desde casa. Comienza por arreglar tu lugar de trabajo.

# Si no cuidas de ti, ¿quién lo hará?

# 13

# Consejillos de ergonomía

decuar tu lugar de trabajo mejora el bienestar físico y ayuda a reducir el estrés.

Muchos de los empleos ejecutivos de hoy en día implican largas horas frente a un computador, ¿Cierto? y una de las principales causas del dolor en el cuello al trabajar frente a un computador es la mala postura.

El dolor en cervicales es algo bastante común entre los profesionales de hoy en día y a menudo este dolor de cuello se puede reducir e incluso evitar al cuidar como nos sentamos a trabajar.

## El cuello

Sentarse en una posición incómoda o inadecuada puede causar tensión en los músculos del cuello y hombros, incluso puede ser ese causante del dolor de cabeza al final de la jornada. ¿Cómo evitarlo? es importante asegurarse de que la silla y el escritorio estén a la altura adecuada para evitar esta tensión. Aquí te compartimos una guía que puede servirte para revisar tu posición frente al computador. ¡Una excelente forma de cuidar de tu persona!

# CUIDA TU CUELLO

**Vista al monitor sin esfuerzo en cuello**

**Posición de dorsales
(espalda media)**

*Emotional Paycheck*®

Hemos explicado el cuidado de nuestro cuello, ahora vamos a las piernas. Para ello es necesario hablar de la silla de trabajo.

Una de las principales causas de problemas de salud en las extremidades al sentarse en una silla de trabajo inadecuada es la mala postura. Muchas veces, incluso la silla más avanzada puede causar dolor si la utilizamos de manera errónea.

## Las piernas y tu silla de trabajo

La silla de trabajo debe tener un respaldo alto y un asiento suficientemente profundo para apoyar adecuadamente la espalda y las piernas. (ver gráficos) También es importante que los brazos del asiento estén a la altura adecuada para evitar tensión en los hombros y los brazos. ¡Dos en uno!

Además, si los pies no están en una posición cómoda y estable, pueden causar tensión en los músculos de las piernas y por supuesto en los tobillos. Es importante asegurarse de que la silla tenga un reposapiés para mantener los pies en una posición elevada y cómoda. (puedes utilizar un par de libros o un banquito para descansarlos)

Además, es importante asegurarse de que la silla sea ajustable para adaptarse a las necesidades individuales. Esto incluye ajustes para la altura del asiento, el respaldo y los brazos, así como para el ángulo de inclinación. A continuación, te comparto detalles de como puedes ajustar tu silla a tu altura y ofrecer el soporte adecuado a tus pies, piernas, hombros y espalda baja.

# CUIDA TUS PIERNAS

| Pies no llegan el piso | Silla muy baja | Silla muy alta | Buena posición |
| Pies no llegan el piso | Mucho espacio silla y piernas | Poco espacio silla y piernas | Buena posición |

*Emotional Paycheck®*

El dolor del cuello puede tener su origen en los ojos, ¡Así es! Nuestros ojos pueden estar sufriendo de presbicia «vista cansada» y su causa puede ser las largas horas que pasamos expuestos a la luz y cercanía de nuestro ordenador.

## Tus ojos y la pantalla

**Mirar una pantalla durante largos períodos de tiempo puede causar fatiga visual y tensión en los músculos del cuello. ¿Cómo solucionarlo?**

Es importante tomar descansos regulares para mirar lejos de la pantalla y realizar ejercicios de cuello para relajar los músculos.

La **presbicia** es un padecimiento ocular muy común, sobre todo entre aquellos profesionales que pasan largas horas frente a un computador, la presbicia se produce con la edad, uh, ¡ya empezamos! se caracteriza por una disminución de la capacidad del ojo para enfocar objetos cercanos.

A medida que envejecemos, el cristalino del ojo pierde su flexibilidad, lo que dificulta enfocar objetos cercanos y aunque no se puede evitar completamente la presbicia, hay algunas medidas que se pueden tomar para reducir sus síntomas y mejorar la capacidad del ojo para enfocar objetos cercanos:

- Usar anteojos o lentes de contacto. Existen varios tipos de lentes multifocales y lentes progresivas que pueden ayudar a corregir la presbicia. Siempre visita a tu médico antes de adquirir tus anteojos.

- Realizar ejercicios oculares específicos para fortalecer los músculos oculares y mejorar la capacidad del ojo para enfocar objetos cercanos. (Mira algo lejano, como una montaña, luego mira algo cercano a ti)

- Aumentar la iluminación en el lugar de trabajo. Esto puede ayudar a reducir la fatiga ocular y mejorar la capacidad del ojo para enfocar objetos cercanos. ¡La luz natural es tu mejor opción!

- Descansar los ojos regularmente. Es importante tomar descansos regulares y mirar lejos de la pantalla o el libro para reducir la fatiga ocular. Te recomiendo el ejercicio 20-20-20.

- Consultar con un oftalmólogo regularmente. Es importante tener una revisión ocular anual para detectar cualquier problema. Siempre la medicina preventiva es más barata y menos dolorosa.

A continuación, te comparto tres ejercicios para descansar tus ojos:

**Ejercicio 1:** Cierra tus ojos y colocar las palmas de las manos sobre ellos. Mantén tus ojos cerrados durante unos minutos y enfócate en relajar todo el cuerpo. ¡Cuidado! No te vayas a quedar dormido.

**Ejercicio 2:** Un objeto en la lejanía, los ojos se «estresan» al estar siempre enfocados en una distancia corta, es por ello importante buscar un objeto en la lejanía, si tienes una ventana puede ser una montaña, un árbol lejano o una autopista. Esto permite al ojo relajarse mientras se enfoca en objetos más lejanos.

**Ejercicio 3:** La técnica de "20-20-20", consiste en mirar un objeto a 20 pies de distancia durante 20 segundos cada 20 minutos de uso de pantalla. ¡Coloca un temporizador! y comienza a cuidar de tus ojos.

Javier, me reportaron que estabas durmiendo en tu puesto de trabajo.

¡Para nada jefe! no dormía, estaba descansando los ojos.

## El túnel carpiano ¿Qué dijo?

Es importante asegurar que el teclado y el ratón del ordenador estén en una posición cómoda y fácil de alcanzar para evitar tensión en la muñeca y con esto evitar también el problema del túnel carpiano.

El túnel carpiano es un estrecho pasaje en la muñeca que contiene el nervio mediano y varios tendones. La presión o el estiramiento en el nervio mediano pueden causar entumecimiento, hormigueo y dolor en los dedos, mano, muñeca y brazo. ¿Lo has sentido?

Existen varias razones por las que podemos sufrir de este síndrome a continuación algunos de ellos:

Trabajos que requieren movimientos repetitivos de la muñeca, como el uso prolongado de un ratón o teclado.

Artritis u otras enfermedades inflamatorias de las articulaciones.

Lesiones traumáticas en la muñeca o el antebrazo.

Tener un hueso de la muñeca o una articulación anormal.

Obesidad, diabetes u otras afecciones médicas que afecten el sistema nervioso.

Es importante mencionar que estas son las causas más comunes, pero no necesariamente las únicas causas. Es recomendable consultar con un médico especialista para determinar la causa específica y recibir tratamiento adecuado.

**¿Cómo debo colocar el ratón y el teclado?**

## Pausas activas

Las pausas activas son pequeños recesos durante el trabajo para realizar una actividad física o de movimiento. Estas pausas son importantes por múltiples razones:

Mejoran la salud física: las pausas activas ayudan a aumentar la circulación sanguínea, fortalecer los músculos y mejorar la flexibilidad. ¡Cuerpo que no se mueve, se entume! (Me lo dijo mi abuelita)

Aumentan la productividad: las pausas activas pueden ayudar a aumentar la concentración y la atención, lo que a su vez mejora la eficacia y la eficiencia en el trabajo. Comprobado, el sistema «pomodoro» es una de las múltiples técnicas que utilizan estas pausas.

Reducen el estrés y la fatiga: las pausas activas pueden ayudar a reducir el estrés y la fatiga relacionados con el trabajo sedentario y la inactividad física. ¡Un pequeño descanso te ayuda a recargar energías!

Mejoran el bienestar mental: las pausas activas pueden ayudar a mejorar el estado de ánimo y reducir la ansiedad y la depresión. ¡Impresionanti!

A continuación algunos ejercicios o movimientos sugeridos para realizar una pausa activa. ¡Realízalos cada 2 horas de trabajo! Recuerda, siempre, siempre, ¡siempre! consulta a un médico antes de realizar cualquier ejercicio físico.

# HAZ PAUSAS ACTIVAS

Cierre

En general, La ergonomía, el estudio de cómo las personas interactúan con su entorno y cómo este afecta su salud y bienestar, es un tema fundamental para cuidar de nuestro cuerpo física y mentalmente mientras trabajamos. Si no cuidas de ti, ¿quién lo hará?

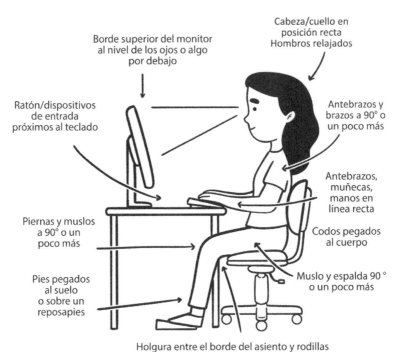

Cabeza/cuello en posición recta
Hombros relajados

Borde superior del monitor al nivel de los ojos o algo por debajo

Ratón/dispositivos de entrada próximos al teclado

Antebrazos y brazos a 90° o un poco más

Antebrazos, muñecas, manos en línea recta

Piernas y muslos a 90° o un poco más

Codos pegados al cuerpo

Pies pegados al suelo o sobre un reposapies

Muslo y espalda 90° o un poco más

Holgura entre el borde del asiento y rodillas

*Emotional Paycheck Institute of Canada*®

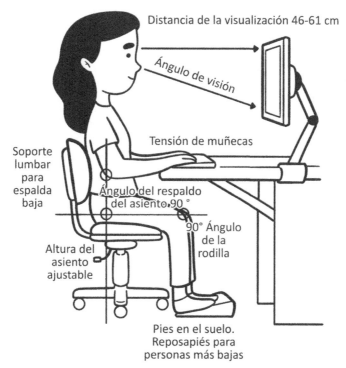

Distancia de la visualización 46-61 cm

Ángulo de visión

Soporte
lumbar
para
espalda
baja

Tensión de muñecas

Ángulo del respaldo
del asiento 90 °

90° Ángulo
de la
rodilla

Altura del
asiento
ajustable

Pies en el suelo.
Reposapiés para
personas más bajas

*Emotional Paycheck Institute of Canada*®

# 14

# Conclusión

Hay personas que son felices en ambientes muy complejos, ambientes con muy pocos elementos para el bienestar, también hay personas que no son felices en ambientes en los que parecieran tenerlo todo «a la mano», esto comprueba que la felicidad implica un trabajo personal, un esfuerzo propio, que no depende de tu país, de tu gobierno o de tu jefe, se trata de que tú decidas hacer lo posible para encender la llama de la felicidad.

Es cierto que las personas podemos ser felices en cualquier entorno, sin embargo, hay ciertos elementos que nos permiten tener más fácil acceso a la felicidad. Esa es la diferencia entre bienestar y felicidad.

Bienestar es tener todos los elementos disponibles para encender una fogata, felicidad es decidirse a encenderlos.

A los elementos requeridos para encender la llama de la felicidad les llamamos: Categorías de la percepción subjetiva del bienestar.

En este libro hemos abordado cada una de estas 6 categorías, arrojando ideas sobre cómo mejorarlas tanto a nivel personal como a nivel laboral, así que, ahora que conoces los elementos necesarios para encender la fogata del bienestar, ¡es tu responsabilidad hacerlo!

Recuerda que, el bienestar es un trabajo en proceso: como cualquier fogata, debe mantenerse vigilada, arrojar un poco más de leña cuando sus llamas comiencen a disminuir y en algunas ocasiones incluso volver a encenderla cuando se encuentre extinta. Sabemos que en ocasiones habrá ventarrones que busquen apagarla, gente que pase y arroje hasta tierra para que se apague, y en otras, algunos de sus elementos podrán llegar a ser escasos, como en crisis económicas o políticas, despidos masivos o tiempos de enfermedad, sin embargo, si ponemos atención, siempre encontraremos una forma de mantenerla encendida. ¡Atrévete a prender tu fogata del bienestar!

> Una vez encendida la fogata del bienestar hay que atizar bien las llamas, de lo contrario ¡puras cenizas!

Como bien lo sabes, no soy muy bueno con las despedidas, así que asumiré que me escribirás un mensaje, que nos veremos en algún evento, taller de bienestar, que me agregarás como contacto en redes sociales o que asistirás como alumno a una de mis certificaciones de embajadores del salario emocional.

¡Hasta mañana!

Comienza por ti, por cuidar de ti, por atenderte y procurarte un mejor bienestar. **¡Bríndate un aumento en tu salario emocional!**

# Acerca del autor

*Dr. Jaime Leal*

Jaime Leal es psicólogo positivista, licenciado en mercadotecnia con especialidad en innovación y negocios internacionales, además cuenta con maestría en educación positiva, es maestro practicante de programación neurolingüística y negociador certificado por el instituto MIT de Massachussets.

Director del Emotional Paycheck Institute of Canada, instituto especializado en el pago emocional de estudiantes en 19 países.

Ha sido instructor en el programa de liderazgo emergente del Centro para el Desarrollo de los Pueblos Indígenas, México.

Facilitador y relator de Dialogue in the Dark, Hamburgo, Alemania.

Mentor del programa MindSonar del Instituto de Psicología Ecléctica de los Países Bajos en más de quince países.

Recibe el reconocimiento de Ciudadano Ejemplar por su rol como mediador y facilitador en misiones de rescate humanitario (Haití, 2010).

Recibe el reconocimiento VUELO 2021 por su desempeño profesional.

Conferencista TEDx; mentor; locutor de radio y televisión; con más de 20 años de experiencia como tallerista, conferencista y facilitador.

Pionero del salario emocional a nivel mundial, Jaime es padre, hermano, hijo, esposo y amante de la vitamina «T», esa que viene en los tacos, tostadas, tamales, tortas y toda la comida mexicana.

**Otros libros de Jaime**

Metodología para crear estrategias de salario emocional

Diario con ejercicios para ejercitar la gratitud y mejorar el bienestar

Disponibles en:

# Definiciones

**C**all centre: también conocido como centro de llamadas, es un lugar centralizado donde se reciben y se hacen llamadas telefónicas con el objetivo de brindar servicio al cliente, vender productos o servicios, o recopilar información.

**Carrera de la rata**: La "carrera de la rata" es una metáfora que se utiliza para describir el estrés o la presión que alguien puede sentir para alcanzar un objetivo o status. Esta metáfora se refiere a la idea de que, al igual que las ratas en un laberinto, las personas pueden sentirse atrapadas en una competencia constante para alcanzar el éxito o el estatus, moviéndose a través de un camino estresante e incierto para llegar a su objetivo final.

La expresión es común en el mundo laboral, especialmente en la industria financiera, pero también se utiliza en otros campos en los que la competencia y la presión son altas.

**Emotional Paycheck**: En español es pago emocional, se refiere al instituto canadiense que promueve el bienestar, la felicidad y el salario emocional en empresas y entornos en general. Puedes ver más sobre Emotional Paycheck en su página web: www.emotionalpaycheck.com

**Pomodoro**: método de gestión del tiempo que se basa en dividir el trabajo en períodos cortos de tiempo, llamados "pomodoros", seguidos de períodos cortos de descanso. El tiempo recomendado para cada pomodoro es de 25 minutos, seguido de un descanso de 5 minutos. Después de cuatro pomodoros, se recomienda tomar un descanso más largo de 15 a 30 minutos.

# Referencias

Aban Tamayo, J., Becerra Pérez, M., Delajara, M., León robles, I. (2020). *El estándar de ingreso mínimo en cuatro grandes ciudades de México. Centro de Estudios Espinosa Yglesias.* https://ceey.org.mx/el-estandar-d e-ingreso- minimo-en-cuatro-grandes-ciudades-de-mexico/

Allen, R. (2013). *Poverty Lines in History, Theory, and Current International Practice. No 685,Economics Series Working Papers, University of Oxford, Department of Economics.* https://EconPapers.repec.org/ReP Ec:oxf:wpaper:685.

Allen, R. C. (2017). *Absolute poverty: When necessity displaces desire. American Economic Review, 107(12), 3690-3721.* https://doi.org/10.1257 /aer.20161080

Aquino, T. D. (n.d.). *Suma de Teología, I, II, (Vol. q. 2, a. 1-7.)*

Arch2o. (2022, December 2023). *ARCH2o - 5 well planned cities. Recuperado de Arch2o:* https://www.arch2o.com/well-planned-cities-20th-c entury/

Aristóteles. (2001). *Ética a Nicómaco. (Trad. J. Calvo) (1ra Ed.). Alianza Editorial. (En griego antiguo, 349 a. C.)*

*Aristóteles / Moral a Nicómaco / versión de Patricio de Azcárate, Madrid. (1873). Filosofia. Recuperado el 5 de abril de 2021 de: https://www.filos ofia.org/cla/ari/azco1.htm*

*Asch, S. E. (1951). Effects of group pressure upon the modification and distortion of judgments. In H. Guetzkow (Ed.), Groups, leadership, and men (pp.177-190). Pittsburgh, PA: Carnegie.*

*Augustine, S. (1470). The City of God. Trad. Duds, M. Digireads.com.*

*Aulinas A. (2019). Physiology of the Pineal Gland and Melatonin. [Updated 2019 Dec 10]. In: Feingold KR, Anawalt B, Boyce A, et al., editors. Endotext [Internet]. South Dartmouth (MA):*

*MDText.com, Inc.; 2000-. Recuperado de: https://www.ncbi.nlm.nih. gov/books/NBK550972/*

*Ayalon, L. (2017, January 5). Taking a closer look at ageism: self- and other-directed ageist attitudes and discrimination. SpringerLink. https:/ /tinyurl.com/mrf69s7k*

*Bennis, W., Nanus, B. (1985). Leaders: The Strategies for Taking Charge. Harper & Row; 1st edition. ISBN 978-0060152468.*

*Benson, A., Li, D., & Shue, K. (2019). Promotions and the Peter Principle\*. The Quarterly Journal of Economics, 134(4), 2085–2134. https://d oi.org/10.1093/qje/qjz02218:*

*Björnberg, A. P. (2018). Euro health consumer index 2018.*

*Blockbuster Becomes a Casualty of Big Bang Disruption. (2014, August 7). Harvard Business Review. https://hbr.org/2013/11/blockbuster-beco mes-a-casualty-of-big-bang-disruption*

*Buehner, C. W. (1971). Richard Evans' Quote Book. Publisher's Press.*

Cirillo, F. (2007). *The Pomodoro Technique.* CreateSpace Independent Publishing Platform.

Coneval. (2018). *Programas de calculo y bases de datos 2008, 2010, 2012, 2014, 2016 y 2018.* Recuperado de: *https://www.coneval.org.mx/ Medic ion/MP/Paginas/Programas_BD_08_10_12_14_16_18.aspx*

Council on Communications and Media (2016). *Media and Young Minds. Pediatrics, 138(5),* e20162591. *https://doi.org/10.1542/peds.2016-2 591*

Cronbach, L. J. (1951). *Coefficient alpha and the internal structure of tests. Psychometrika, 16,* 297-334.

Csikszentmihalyi, M. (1990). *Flow: The psychology of optimal experience.* New York: Harper-Perennial.

Covey, S. R. (2020). *The 7 Habits of Highly Effective People: Powerful Lessons in Personal Change (anniversary).* Simon & Schuster.

*Diversity is Being Invited to the Party: Inclusion is Being Asked to Dance.* (2015, December 10). [Video]. YouTube. *https://www.youtube.com/w atch?v=9gS2VPUkB3M*

*Does school prepare students for the real world? This teen speaker says no.* (2015, November 8). TED-Ed Blog. *https://blog.ed.ted.com/ 2015/08/25/does-school-prepare-students-*

*for-the-real-world-this-teen-speaker-says-no/*

Doran, G. T. (1981). *"There's a S.M.A.R.T. Way to Write Management's Goals and Objectives", Management Review, Vol. 70,* Issue 11, pp. 35-36.

Dudley, G., Banister, D. and Schwanen, T. (2017), The Rise of Uber and Regulating the Disruptive Innovator. The Political Quarterly, 88: 492-499. https://doi.org/10.1111/1467-923X.12373

Dunbar, Robin I. M. (2010). How many friends does one person need?: Dunbar's number and other evolutionary quirks. London: Faber and Faber. ISBN 978-0-571-25342-5

Enciclopedia-juridica.com. (2020). Derecho consuetudinario. Enciclopedia jurídica. Recuperado de: https://bit.ly/3rG4srh

Glassdoor (2017). Glassdoor Survey Finds Americans Forfeit Half Of Their Earned Vacation/Paid Time Off. Glassdoor About Us. https://bit.ly/3Ol9iUR

Global poverty: A first estimation of its uncertainty. (2021, June 1). ScienceDirect. https://shorturl.gg/yhLp

Growth and poverty in developing countries. (1979, January 1). ScienceDirect. https://www.sciencedirect.com/science/article/abs/pii/030438787 9900208

Harber VJ, Sutton JR. (1984). Endorphins and exercise. Sports Med. 1984 Mar-Apr;1(2):154-71.doi: 10.2165/00007256-198401020-00004. PMID: 6091217.

Hardy, Q. (2016, November 25). The New Workplace Is Agile, and Nonstop. Can You Keep Up? The New York Times. https://www.nytimes.com /2016/11 /25/technology/the-new-workplac

e-is-agile-and-nonstop-can-you-keep-up.html HRD Connect. (2019). Katherine Phillips, Columbia Business School: Why Diverse Teams are

Smarter. HRD Live Podcasts. Recuperado de: https://tinyurl.com/yeyf wkrj

Inegi.org (2022). *Encuesta Nacional de Ocupación y Empleo (ENOE), población de 15 años y más de edad. Recuperado de: https://www.inegi .org.mx/programas/enoe/15ymas/*

Jha, A. K. (2020). *Understanding Generation Alpha. https://doi.org/10 .31219/osf.io/d2e8g*

Kant, I. (2012). *Fundamentación para una metafísica de las costumbres. (Trad. R. Rodríguez) (2da Ed.). Alianza Editorial. (Original en alemán, 1785)*

Kant, I. (2013). *Crítica de la razón práctica. (Trad. R. Rodríguez) (2da Ed.). Alianza Editorial. (Original en alemán, 1788)*

Kennedy, S., & Ruggles, S. (2014). *Breaking up is hard to count: the rise of divorce in the United States, 1980-2010. Demography, 51(2), 587–598. https://doi.org/10.1007/s13524-013-0270-9*

Kohler, S. (2021). *Potentials and Limitations of Educational Videos on YouTube for Science Communication. Frontiers. https://www.frontier sin. org/articles/10.3389/fcomm.2021.581302/full*

Lao-Tsé. (2017). *Tao Te Ching. (Trad. G. García). Alianza editorial. (Original en chino, IV siglo*

*a. C.)*

Lapierre, M. A., Piotrowski, J. T., & Linebarger, D. L. (2012). *Background television in the homes of US children. Pediatrics, 130(5), 839–846. http s://doi.org/10.1542/peds.2011-2581*

Leal G., J. (2021). *El método del salario emocional: Cómo dar un aumento sin afectar el presupuesto. Emotional Paycheck Publishing.*

Lee, H. J., Macbeth, A. H., Pagani, J. H., & Young, W. S., 3rd (2009). Oxytocin: the great facilitator of life. Progress in neurobiology, 88(2), 127–151. Recuperado de: https://doi.org/1

0.1016/j.pneurobio.2009.04.001

Leonhardt, M. (2019, December 30). Millennials are making travel a priority more than previousgenerations—that's not a bad thing. CNBC. https://www.cnbc.com/2019/08/30/ millennials-m

aking-travel-a-priority-more-than-previous-generations.html

Linebarger, D.L., Walker, D. (2005). American behavioral scientist, 2005 – journals.sagepub.com

Malone, T., Laubacher, R., Johns, T. (2011). The Big Idea: The Age of Hyperspecialization.

Harvard Business Review. Recuperado de: https://hbr.org/2011/07/the -big-idea-the-age-of-hyperspecialization

Marsh, E., Perez E., Spence A. (2022). The digital workplace and its dark side: An integrative review. Computers in Human Behavior, Volume 128, 107118, ISSN 0747-5632.

Recuperado de: https://doi.org/10.1016/j.chb.2021.107118.

Martín Pérez, F. (2002). San Juan Chamula; imperio de impunidad. El Universal.MX. Recuperado de: https://archivo.eluniversal.com.mx/esta dos/46066.html

McMahon, D. M. (2006). Happiness: A history. Atlantic Monthly Press. Recuperado de: https://psycnet.apa.org/record/2006-05643-000

Mill, J. S. (1984). El utilitarismo. (Trad. E. Guisán) (1ra Ed.). Alianza Editorial. (Original en inglés,

1863)

Mongrain, M., Anselmo-Matthews, T. (2012). Do Positive Psychology Exercises Work? A Replication of Seligman et al. Journal of clinical psychology. 68. 10.1002/jclp.21839.

OCDE, Organización para la Cooperación y el Desarrollo Económicos. (2019). La prueba PISA. Paris, Francia: OCDE.

Ortega y Gasset, J. (1963). Obras completas de José Ortega y Gasset. Tomo II. (6ta Ed.). Revista de Occidente

Passmore, H., Holder, D. (2017). Noticing nature: Individual and social benefits of a two-week intervention. The Journal of Positive Psychology. 12:6, 537-546, DOI: 10.1080/17439760.2016

.1221126

Peter, L.F., Hull, R. (1969). The Peter Principle. The American Biology Teacher, 31(6), 400. https://doi.org/10.2307/4442678

Pflug, J. (2009). Folk Theories of Happiness: A Cross-Cultural Comparison of Conceptions of Happiness in Germany and South Africa. Social Indicators Research. 92. 551-563. 10.1007/s11205-008-9306-8.

Platón. (1981). Diálogos I: Apología. Critón. Eutifrón. Ion. Lisis. Cármides. Hipias menor. Hipias mayor. Laques. Protágoras. (Trad. J. Calonge, E. Lledó y C. Gracía) (1ra Ed.) (Vol. 1). Editorial

Gredos. (Original en griego, 1578).

Pressat, R. (1967). El análisis demográfico. Fondo de Cultura Económica. México, DF. 440 p.

Quispe Llanos, R. J. (2021). Análisis de la pobreza y distribución del ingreso 2009 -2016. Revista IECOS, 18, 97–142. https://doi.org/10.21754/iecos.v18i0.1178

Radesky, J. S., Schumacher, J., & Zuckerman, B. (2015). Mobile and interactive media use by young children: the good, the bad, and the unknown. Pediatrics, 135(1), 1–3. https://doi.org/1

0.1542/peds.2014-2251

Ramírez, E. (1994). Demografía general: teoría, métodos y comportamientos. Academia Nacional de Ciencias Económicas. Caracas (DC)-Venezuela. 311 p.

Rincón, R. D. (2012). Los indicadores de gestión organizacional: una guía para su definición.

Revista Universidad EAFIT, 34(111), 43–59. Recuperado de: https://publicaciones.eafit.edu.co/index.php/revista-universidad-eafit/article/view/1104

Robison, J. (2008). Turning around employee turnover. Gallup Business Journal.

Recuperado el 21 de junio de 2021 de: https://news.gallup.com/businessjournal/106912/turning-around-your-turnover-problem.aspx

San Francisco de Sales. (1622). Cartas. Santa Juana de Chantal. Reproducido por Nabu Press (2014). Trad. Bartolomé Alcázar. ISBN 978-1293776896.

Schaefer H. E. (2017). Music-Evoked Emotions-Current Studies. Frontiers in neuroscience, 11, 600. Recuperado de: https://doi.org/10.3389/fnins.2 017.00600

SDWorx - Salary swindle. (2017). SDWORX. Recuperado de: https://www.sdworx.com/en/blog/payroll/the-risks-of-poor-payrol l-for-businesses

Seligman, M. E. P. (1972). Learned Helplessness. Annual Review of Medicine, 23(1), 407–412. https://doi.org/10.1146/annurev.me.23.020172.002 203

Seligman, M.E.P. (1991). Learned Optimism: How to Change Your Mind and Your Life. New York, NY: Pocket Books.

Seligman, M.E.P., Rashid, T., Parks, A.C. (2006). Positive psychotherapy. American Psychologist, 61: 774-788,

Seligman, M.E.P. (2011). La auténtica felicidad. Barcelona: Ediciones B.

Seligman, M.E.P. (2011). Flourish. New York: Free Press. pp. 16–20. ISBN 9781439190760

Shigehiro, O. (2013). Concepts of Happiness Across Time and Cultures. Personality & social psychology bulletin, 39. Sin, NL., Lyubomirsky, S. (2009). Enhancing well-being and alleviating depressive symptoms with positive psychology interventions: a practice-friendly meta-analysis. Journal of Clinical

Psychology. 2009 May; 65(5): 467-87. DOI: 10.1002/jclp.20593. PMID: 19301241.

Smids, J., Nyholm, S., & Berkers, H. (2019). Robots in the Workplace: a Threat to—or Opportunity for—Meaningful Work? Philosophy & Technology, 33(3), 503–522. https://doi.org/10.1

007/s13347-019-00377-4

Stress in America 2020: A National Mental Health Crisis. (2020). PsycEX-TRA Dataset. https://doi.org/10.1037/e509532020-001

Sutherland, W., Jarrahi, M. H., Dunn, M., & Nelson, S. B. (2020). Work Precarity and Gig Literacies in Online Freelancing. Work, Employment and Society, 34(3), 457–475. https://do

i.org/10.1177/0950017019886511

Taylor, M. K. (2018). Xennials: a microgeneration in the workplace. Industrial and Commercial Training, 50(3), 136–147. https://doi.org/10.1108/ict-08-2017-0065

The Associated Press. (2019, June 7). Bookseller Barnes & Noble, humbled by Amazon, has been sold to a hedge fund. Chicagotribune.Com. https://www.chicagotribune.com/ business/ct-biz-barnes-and-noble-sale-20190607-story.html

The rise of robots and the fall of routine jobs. (2020, October 1). ScienceDirect. https://www.sciencedirect.com/science/article/pii/S0927537120300890

Thoreau, H. D. (2005). Walden (Original en inglés, 1854 ed., Vol. Trad. J. Alcoriza y A. Lastra). Cátedra.

Tomás de Aquino, S. (1988). Suma teológica. (1ra Ed.). Biblioteca de Autores Cristianos.

Torraco, R. J., & Lundgren, H. (2019). What HRD Is Doing—What HRD Should be Doing: The Case for Transforming HRD. Human Resource Development Review, 19(1), 39–65. https://do

i.org/10.1177/1534484319877058

Tversky, A. (1972). Elimination by aspects: A theory of choice. Psychological Review, 79(4), 281–299. https://doi.org/10.1037/h0032955

Twain, M., Pinchot, B., & Blackstone Audio, Inc. (2010). Chapters from My Autobiography. Blackstone Audio, Inc.

Urban Reform Institute and the Frontier Centre for Public Policy. (2022). Demographia International Housing Affordability.

Vaupel, J. W., Villavicencio, F., & Bergeron-Boucher, M. P. (2021). Demographic perspectives on the rise of longevity. Proceedings of the National Academy of Sciences, 118(9), e2019536118. https://doi.org/10.1073/pnas.2019536118

Veyne, P. (1995). Séneca y el estoicismo. (Trad. M. Utrilla). Fondo de Cultura Económica. (Original en francés, 1993).

Vyas L., Butakhieo, N. (2021). The impact of working from home during COVID-19 on work and life domains: an exploratory study on Hong Kong, Policy Design and Practice, 4:1, 59-76,

DOI:10.1080/25741292.2020.1863560

Wolpe, J. (1973). The Practice of Behavior Therapy (General Psychology) (2nd ed.). Pergamon Press.

Woodard, A. (2017). The best and worst HR names. HRM The australian news for HR. Recuperado de: https://www.hrmonline.com.au/section/featured/best-worst-hr-names/

Woodworth, R. J., O'Brien-Malone, A., Diamond, M. R., & Schüz, B. (2016). Happy Days:

Philippe, F. L., Vallerand, R. J., Houlfort, N., Lavigne, G. L., & Donahue, E. G. (2010). Passion for an activity and quality of interpersonal relationships: The mediating role of emotions. Journal of Personality and Social Psychology, 98(6), 917-932.

Positive Psychology interventions effects on affect in an N-of-1 trial. International Journal of Clinical and Health Psychology, 16(1), 21–29. Recuperado de: https://doi.org/10.1016/j.ijchp.2015.07.006

World Economic Forum. (2021). The Global Risk Report 2021. World Economic Forum. https://www3.weforum.org/docs/WEF_The_Globa l_Risks_Report_2021.pdf

Yang, L., Holtz, D., Jaffe, S., Suri, S., Sinha, S., Weston, J., Joyce, C., Shah, N., Sherman, K., Hecht, B.,

# Algunas reseñas

Reseñas para el libro «El método del salario emocional»

Una herramienta extremadamente poderosa es esta obra de Jaime Leal sobre el salario emocional y un recurso importante para encontrar el balance entre la remuneración y el nivel de satisfacción emocional para una vida plena. Los lectores no solo agradecerán los ejercicios prácticos sino que también apreciarán un mundo lleno de historias que hacen resonar las suyas propias. En este método innovador que Jaime explica, el lector encontrará el Santo Grial que tanto se necesita en el sistema de retribución y gratificación constituyéndose esta obra en una lectura obligada.

*- **Geovanny Vicente-Romero**, profesor asociado de Columbia University y columnista de CNN en Español*

Cuando te has comprometido y sumergido en la complejidad, has revisado estudiado y reflexionado, puedes ofrecer con alegría tu conocimiento de una forma simple pero rigurosa, de forma tal que, para quienes estén dispuestos a aprender, logren hacerlo con ese mismo sentimiento de alegría y responsabilidad. Sesgo por admiración, ¡posiblemente más que cierto!

Como Coach profesional he recorrido diversos caminos y experiencias, y en ese camino he conocido la humanidad del Dr. Jaime Leal, quien se ha permitido compartir cuestiones personales de forma honesta y transparente.

Hago este prólogo en función del hermoso libro "El método del Salario Emocional", El aumento que no afecta el presupuesto. Lo que vayas a leer y a aprender es cierto y a mi entender no es un dato menor. Experiencias aplicables, datos científicamente comprobados, disciplinas estudiadas y resultados comprobables. Hay recursos y ejercicios para hacer dulce. Si eres dueño, accionista, gerente, aspirante, estudiante, usa ese libro. No alcanza solo con leerlo, USALO. Haz de tu vida y la de tu entorno algo valioso. El bienestar tiene muchas caras, y parafraseando al Dr. Jaime Leal, compartir es la forma de evitar que nuestro cerebro se convierta en un "Basurero", mejor un jardín lleno de flores, un parque, una hermosa playa, la montaña más linda con sus nieves eternas. Elige bienestar, Utiliza el método del Salario Emocional. Sé feliz, ¡es posible! Gracias Jaime

*- **José Manuel Estrada**, Miembro del Comité de ética internacional de ICF desde 2016- Past President ICF Argentina Charter Chapter*

Made in the USA
Monee, IL
29 June 2023

37844992R00108